4·16구술증언록 단원고 2학년 9반 제4권

그날을 말하다

다혜 엄마 김인숙

4·16구술증언록 단원고 2학년 9반 제4권

그날을 말하다

다혜 엄마 김인숙

4·16기억저장소 기획 편집
(사) 4·16세월호참사가족협의회 지원 협조

한울

책머리에

　4·16기억저장소에서는 세월호 참사 5주기를 맞아 구술증언 수집 사업의 결과물 일부를 100권의 책으로 발간하게 되었습니다. 이 사업은 2015년 6월부터 다양한 학문 분야 구술 연구자들의 자발적인 참여로 진행되어 왔으며, 세월호 참사를 좀 더 정확하고 다각적으로 기록하고 기억하고자 하는 노력의 일환으로 수행되었습니다.

　2014년 참사 발생 이후, 참사 피해자들의 목격담과 경험은 안타깝게도 공식적인 국가기관과 언론의 기록 속에서 철저히 소외되거나 왜곡되었습니다. 그것은 세월호 참사가 우리에게 안긴 죽음과 고통의 충격만큼이나 우리 사회의 끔찍한 비극이었습니다. 따라서 사업을 진행하면서 세월호 참사 희생자 가족, 생존자, 생존자 가족, 어민, 잠수사, 활동가, 기자 등등, 참사의 초기 과정을 직접 경험한 분들의 증언을 우선적으로 수집했습니다. 구술자는 이 사업의 취

지와 방식에 개인적으로 동의한 분 중에서 선정했으며, 참여 과정에 어떠한 금전적 보상이나 이익이 제공되지 않았습니다. 또한 구술증언 수집 사업을 진행하는 동안, 면담자는 연구자이자 참사를 겪은 공동체 시민으로서 최대한 윤리적이고자 노력했습니다.

구술자마다 매회 약 2시간씩 3회를 원칙으로 음성 녹취와 영상 촬영을 하는 방식으로 진행되었고, 증언의 일관성을 확보하기 위해 면담자는 큰 틀에서 공통 질문지를 사용했습니다. 공통 질문지의 내용은 참사와 구술자 간의 관계성에 따라 차이가 있지만, 유가족 구술의 경우 1회차 '참사 이전의 삶, 팽목항과 진도에서의 경험, 자녀에 대한 기억'을, 2회차 '참사 이후 투쟁과 공동체 활동 경험'을, 3회차 '참사 이후 개인 및 가족이 경험한 삶의 변화와 깨달음, 자녀의 현재적 의미'를 중심으로 했습니다. 이처럼 증언 내용은 참사 이전에서 시작해 참사 발생 당시의 경험과 이후의 변화 과정까지 폭넓게 수집했고, 면담자는 구술 채록 과정에서 구술자의 발화를 최대한 존중하고자 했으며, 무엇보다 각자의 특수한 경험과 다른 시각을 충실히 반영하고자 했습니다.

이 구술증언록의 발간을 위해, 채록된 음성 자료는 문서로 변환해 구술자와 함께 검토했고, 현재 시점에서 공개할 수 있는 영역과 할 수 없는 영역으로 구별했습니다. 따라서 책에 실린 내용은 모두 구술자로부터 공개를 허락받은 부분입니다. 비공개 영역은 추후 구술자의 동의를 받아 적절한 절차를 거쳐 추가로 공개될 수 있으리라 생각합니다.

이 구술증언록 100권에는 그동안 우리 사회에 왜곡되어 알려지거나 잘 알려지지 않았던, 참사 발생 직후 팽목항과 진도 혹은 바다에서의 초기 상황에 관한 중요한 증언이 포함되어 있습니다. 또한, 자녀를 잃는 잔인하고 애통한 상황을 겪으면서도 그 누구보다 강인한 정치적 주체로 성장할 수밖에 없었던 유가족의 마음과 경험을 구체적으로, 그리고 여러 각도에서 살펴볼 수 있습니다. 그 외에도, 이 구술증언록은 2014년을 전후한 한국 사회의 여러 측면을 드러내는 귀중한 자료가 되리라고 생각합니다. 무엇보다 국내외의 많은 분이 이 책을 읽어, 장차 세월호 참사의 진상 규명과 역사 서술에 기여할 수 있기를 바랍니다.

구술증언 수집 사업이 진행되고, 책으로 출간되기까지 많은 분의 도움과 지지가 있었습니다. 이 지면을 빌려 부족하나마 감사의 말씀을 전하고자 합니다.

먼저 (사)4·16세월호참사가족협의회와 4·16기억저장소에 감사를 드립니다. 이분들의 신뢰와 적극적인 협조가 없었다면, 이 사업은 처음부터 시작할 수조차 없었을 것입니다. 또한 어려운 정치 환경 속에서도 사업의 취지에 공감해 재정 지원을 결정해 준 아름다운가게와 역사문제연구소에 감사드립니다. 두 단체 덕분에, 이 사업을 4년 동안 계속해 올 수 있었습니다. 그리고 구술증언록 100권의 발간에 동의하고, 바쁜 일정에도 출판 실무를 기꺼이 맡아주신 한울엠플러스(주)에도 감사를 드립니다. 이 외에도 많은 개인과 단체가 직간접적으로 많은 도움을 주시고 격려해 주셨습니다. 여기에 모두 밝히지 못하는 것을 죄송하게 생각합니다.

　말할 필요도 없이, 가장 크고 또 가슴 아픈 감사는 구술자 한 분한 분께 드리고자 합니다. 이 책이 발간될 수 있었던 것은, 무엇보다 용기를 내어 아픔과 고통의 기억을 다시 떠올리고 장시간 진심으로 이야기를 해주신 구술자가 있었기 때문입니다. 오랜 시간 이야기를 나누며 함께 공감하기도 했지만, 그 아픔과 고통을 어떻게 가늠할 수 있을까 싶습니다. 더 큰 도움이 되지 못함을 안타까워하며, 이 구술증언록 100권의 발간이 피해자분들에게 조금이라도 위로가 될 수 있기를 기원합니다.

2019년 4월

4·16기억저장소 구술팀 책임자
서울대학교 인류학과 교수 이현정

차례

■ 1회차 ■

다혜 엄마 김인숙

구술자 김인숙은 단원고 2학년 9반 고 정다혜의 엄마다. 다혜는 엄마에게 살가웠고, 말을 잘하는 둘째 딸이었다. 엄마는 다혜와 아빠를 잃은 후 신앙생활로 마음을 다잡으며 희생자들 모두가 억울함이 없도록 유가족 단체 '0416단원고 가족협의회'의 임원으로서 소송과 투쟁 활동을 이어가고 있다.

김인숙의 구술 면담은 2017년 2월 27일, 3월 6일, 그리고 2019년 3월 28일, 3회에 걸쳐 총 5시간 10분 동안 진행되었다. 면담자는 박여리·강재성, 촬영자는 김솔·강재성이었다.

구술자 본인의 프라이버시나 제3자의 프라이버시를 보호해야 할 부분을 제외하고는 구술자의 발화를 있는 그대로 전사했다.

1회차

2017년 2월 27일

1
시작 인사말

면담자 　본 구술증언은 4·16 사건에 대한 참여자들의 경험과 기억을 기록으로 남김으로써 이후 진상 규명 및 역사 기술에 기여하고자 합니다. 지금부터 김인숙 씨의 증언을 시작하겠습니다. 오늘은 2017년 2월 27일이며, 장소는 안산시 단원구 정부합동분향소 기독교방입니다. 면담자는 박여리이며, 촬영자는 김솔입니다.

2
구술 참여 동기

면담자 　먼저 본 구술 면담에 참여하게 된 계기를 말씀해 주세요.

다혜 엄마 　그래도 아이 일이니까 거기에 다혜가 없으면 안 되잖아요. 지금도 제가 다혜 일이라면 다 하고 싶어요, 사실은 부모니까. 나는 내가 계획하는 일이 만약에 진짜 잘된다면 다혜라는 애가 어떤 아이였었고, 단원고 2학년 9반 정다혜, 얘는 어떤 아이였었고 어떻게 학교생활을 했고 엄마, 아빠한테 어떤 아이였었는지 저는 알고 싶어요, 제 아이에 대해서는. 그래서 처음에 제가 활동했을 때는 다혜라는 아이에 대해서 많은 이야기를 했어요, 지금도 마찬가지고요. 근데 [다혜] 아빠가 돌아가시면서 영월에 일 벌여놓은 거를 어떻게 할 수가 없으니깐, 내가 영월 일이 정리가 된다면은 제가 하고 싶어요, 저도 다: 활동도 하고 싶고 모르면 모르는 대로 벌여서 하고, 모르면 모르는 대로 하고. 속마음은 다 하고 싶어요, 제 마음은. 무엇이든지 아이로 인해서 하는 거는 다 하고 싶어요.

면담자   혹시 이 기록이 어떻게 사용되기를 바라시나요?

다혜 엄마   이다음에, 제가 말주변은 없지만 혹시라도 되면 제가 다 자식 이야기를 하는 거잖아요. 그런 걸 이야기를 했을 때 누군가가 보고 "어, 다혜가 저런 아이이었었구나" 이렇게 봐주신다면 참 좋은 것 같죠, 많은 사람들(울음).

면담자   뜨개질 시작하게 되셨다고 했는데 9월부터 시작하셨나요?

다혜 엄마   한 석 달? 아니 9월이 아니고요, 12월⋯ 아니야, 제가 12월에 동거차도 들어간 적이 있었어요. 동거차도 들어간 때 할 수 있는 게 없어 갖고 뜨개질을, 실을 갖고 들어갔어요. 그때 처음 배웠어요. 그래서 뜨개질을 시작을 했어요. 잘 못 떠요. 그래서 제가 오늘도 한 서너 시간 잤나? 거진[거의] 5시까지 못 자거든요. 그럴 때 뜨개질을 해갖고 이분도 주고, 저분도 좋아하시니까. [받는 사람들이] 참 좋아하시더라고요. 그래서 뜨개질을 하게 된 거예요, 지금도 하고 있어요.

면담자   다른 엄마들과 같이 하시나요?

다혜 엄마   수요일 날만 엄마들하고 잠깐 얼굴 보고 엄마들하고 하는 거는 한 2시간? 그리고 커피 마시고 얘기하고, 아이들 얘기 하고 헤어지면 집에 와서 혼자 하는 거죠.

면담자   뜨개질하는 게 마음에 도움이 좀 되시나요?

다혜 엄마   조금 도움이 되는 것 같아요, 마음이 되지는[안정되지는] 않지만 하는 동안에는 그래도 제가 뭔가를 하고 있었고, 제가 영월에 주로 있었잖아요. 뜨개질…, 영월에 가서는 농사를 짓는데, 저 농사 안 지어봤거든요. 지게 지고 구루마도 끌고 다니고…. 그때 울면서 다녔어요. 많이 할 수 있잖아요, 그러니까 몸을 혹사하는 거예요, 제 몸을. 하루 종일 아침 새벽에 눈을 뜨면, 날이 밝으면 가서 풀도 뽑고 하다 보면 저녁 5시쯤 되면은 거진 끝나거든요. 그러니까 하루 종일 하는 거죠. 이것도 했다 저것도 했다가 하루 종일 왔다 갔다 왔다 갔다 하면서 저녁에는 자요. 그런 식인 것 같아요.

3
안산 정착과 다혜의 성격

면담자   4·16 사건 전에 어떻게 살아오셨는지 여쭤보려고 합니다. 어떤 계기로 안산에 처음 오시게 된 거예요?

다혜 엄마   [애들] 아빠가, 안산이 옛날에는 발전하지 않았잖아요. 큰애 첫돌 지나서 중앙동이라는 데에서 옷 가게를 크게 했었어요. 옛날 시그널이라는 옷 가게를, 그러니깐 신랑 매형이 옷 가게를 주고 2호점, 3호점 내는데 제가 안산으로 오게 됐어요, 그래서 하게 됐어요.

서울 살다가 큰애 데리고, 큰애 첫돌 지나서 왔어요. [남편과] 같이 했죠. 한 2년 정도 한 거 같애, 2년 정도. 그리고 제가 직장도 다니다가 가게를 주로 했어요, 식당을 많이. 하다가 넘기고 남의 집에서 일도 하고, 내 식당 하고 이렇게 살았어요. 그러다가 다혜를 가졌죠. 제가 다혜를⋯ 서른다섯에 애가 생겼거든요. 서른다섯이면 그랬어요, 제 나이가 지금 많잖아요. 엄마들 중에서 나이 많으신 분이 몇 명 되더라고요. 그래서 서른여섯에 다혜를 낳았는데 목욕탕도 못 갔어요, 너무 창피해 갖고, 애를 늦게 가져갖고. 그래서 다혜 낳아놓구서, 서른여섯에 낳았으니까 얼마나 예뻤겠어요. 그리고 [다혜가] 언니하고 6살 차이 나거든요, 그러니까 예뻐했죠. 그리고 말을 진짜 잘했어요, 동네 사람들이 "아나운서 하면 딱 되겠다고" 했어요. 말을 잘해, 발음이 참 좋았어요. 그게 참 기쁨도 많이 주고, 물론 아이를 17살까지 키우면서 좋았기만 한 일이 있었다는 거는⋯. 다 그렇잖아요, 엄마하고 싸우기도 하고 그랬던데. 작은딸은 싸우기도 많이 싸웠지만 큰딸보다는 정이 많았고.

며칠 전에도 큰딸이, 작은딸 [그러니까] 자식을 하나 잃으니까 큰딸에 대한 그런 게 많잖아요, 불안한 거. 어느 날 아이 잃어서 불안하니까 잔소리가 아닌 잔소리를 하게 되는 거예요, 그러니까 툭 하는 거예요. 우리 딸이 "엄마, 그만 좀 했으면 좋겠다"고, "왜 자꾸만 잔소리만 해" 그런데 순간 다혜가 너무 보고 싶은 거예요. 그러니까 큰딸하고는 아이를 잃고 딱 두 번 부딪쳤는데, 아빠 잃고 한 번 부딪치고 그래서 둘이 많이 울고 그랬는데⋯. 그러면 다혜가 제일 보고 싶어요.

그리고 큰딸이 지금은 엄마 눈치를 보고, 엄마를 많이 살피는 상황이잖아요. 그런데 그럴 때마다 다혜가 더 보고 싶고. 다혜가[를] 더 좋아했거든요, 제가. 보면 우리 딸이 그러겠지만 우리 딸도 알아요. 더 내리사랑인지는 몰라도 더 엄마를 알아주고, 엄마에 대한 게 더⋯. 그래서 아빠하고도 툭탁툭탁하면 "아, 우리 엄마 어떡하냐"고, "아휴, 우리 엄마는 [우리] 성도 다 정씨인데, 우리 엄마는 내가 김씨를 해주면 참 좋을 텐데 성도 바꿨으면 좋겠다" 그럴 정도로 그랬어요, 엄마를 그랬어요[위했어요]. 모든 아이들이 다 그렇지요. 많이 도와줬고⋯.

그런데 제가 가게를 하느라고 많이 비워놔 갖고 항상 그게 미안해요, 같이 못 놀아주고. 지금 생각하니까 물질로만 해줄라고 그랬던 거 같애요, 그게 다는 아닌데. 제 세대 때는 물질이 그렇게 많지 않았잖아요, 그죠? 저 살았을 때는. 그러니까 모른 거예요, 제가. 지금 가만히 있어 생각을 해보면 내가 못 가졌었으니까, 내가 못 한 거니까 그 자식한테는 부모들이 다 해줄라고 그러잖아요. '이다음에 커서 놀러 다니고, 같이. 네가 결혼해서 그때 엄마가 도와주면 되지. 그 전에는 엄마가 벌어서 엄마가 하나래도 하루라도 더 벌어서 엄마, 아빠랑 해서 너희한테 풍족하게 더 하나래도 해줘야 되겠다'는 그 생각밖에 제가 없었던 거 같아요. 그게 참 지금 너무 제일 후회하는 게 그거예요. 물론 명절 때는 여행을 다녔지만, 여행은 갈래야 가는 게 아니고 시골을 간다든가 그러면 갔다가 돌아오면서 바닷가를 거쳐서 집으로 오거든요. 그렇게는 많이 보냈지만 아이들하고 일부러 계획을 해서 제주도를 간다든가 해외를 간다고 그러지는 안 해봤어요.

그러다가 다혜가 사춘기가 돼갖고…. [다혜가] 사춘기가 됐는데 [제가] 다혜한테 많이 속았어요. 제가 지금도 그렇지만 생각하면…. 그때 왕따가 [사회적 문제가] 돼갖고 애들이 많이 자살을 하고 그때가 있었잖아요. 한번 그런 날 우리 다혜가 집에 오면 시무룩하고 그런 거예요. 그래서 겁이 나서 "왜 그러냐?" 그랬더니 "엄마, 나 친구도 없고 친구들하고 싸우고 친구가 내 성격이 이러니까 안 놀아주고" 이러는 거예요. 그래서 내가 참 불안해했거든요. 그래서 '선생님, 학교를 찾아가야 되나 말아야 되나' 그랬는데, 선생님한테 전화드리니까 "다혜 너무 잘 지낸다"고 하시더라고요. 깜짝 쇼였던 거죠. 그때 제가 식당을 하고 있었고, 그때도 가게를 하고 있었던 상황이니까. 언니는 무슨 일만 있으면 제가 학교 찾아갔어요. 담임선생님하고 면담도 하고 그랬는데 다혜는 그렇지를 못했어요, 항상 지가 알아서 하니까. 왜 언니하고 그렇게 차별해서 키웠나…. 그때도 그래 갖고 고등학교 [진학] 때도 언니하고 다 의논해서 했고 제가 해준 게 하나도 없는 것 같아요. 고등학교 원서 쓰는 것도 마찬가지고 언니하고 둘이 그랬던 거 같아요.

면담자   다혜가 단원고를 가고 싶어 했나요?

다혜 엄마   언니 친구가 있는데, 언니는 언니니까 쌀쌀맞게 대해주잖아요. 그런데 그 언니는 잘해줬어요, 자기 친동생이 아니니까. 그 언니가 단원고 2기인가 그럴 거예요. 그러니까 단원고를 멋지게 생각을 했었던 것 같애. 그런데 나는 강서[고등학교]를 가기를 원했거든요. 저는 그랬는데 강서는 동생이 완전히…. 언니가 싫어했어요,

언니는 공부를 잘했거든요. 그때도 언니는 원곡고에서 18명 들어가는 데에 거기 언니는 들어갔거든요, 언니는 공부를 잘했고. 다혜는 내가 공부 잘하는 것도 원하지 않았고, 투닥투닥하면서도 손재주가 좋으니까 속으로다가 나중에, 요새 인형 만들고 그러는 거 많이 하시잖아요. 손재주가 좋아서 '그런 매장 하나 차려주면 되지. 언니는 확고하게 진로가 있으니까 상관이 없는데' 나는 그렇게 생각을 하고, 다혜는 '공부하라, 학원가라' [안 하고] 학원 다니기 싫으면 "그래, 학원비 아까우니까 그냥 쉬어" 이렇게 된 거 같았어요. 그런 게 많이 가슴이 아파요. 지금 생각을 해보면 '왜 언니는 좋은 옷 사줬는데, 왜 그렇게 안 그랬을까?' 이런 생각도 많이 해요.

면담자   다혜는 치기공사를 하고 싶어 했다고 들었어요.

다혜 엄마   몰랐어요…, 그것도 진짜 몰랐어. 딸이 무엇을 하고 싶어 했었는지도 모르는 부모가 어디 있겠어요. 저는 몰랐어요, 내 생각만 한 거지. '손재주가 좋으니까 대학 한 2년제 나와갖고 엄마, 아빠가 [가게를] 차려주면 되겠지, 뭐' 이런 생각을 했던 것 같아요. 그런데 유품 정리하면서 알았어요. 그래서 그때 치공사가 되고 싶다는 것을…. 언니는 공부 잘하니까 언니는 간호대를 갔지만 자기는 그렇지 않으니까 치공사가 되고 싶다는 게 유품 정리하면서 제가 봤어요.

면담자   어떻게 발견하셨어요?

다혜 엄마   고등학교 처음에 들어가면 첫 학기 때 선생님한테 써서 내는 거가 있더라고요. 거기에서 봤어요, 거기에서. 여러 가지 선생님한테 써 내는 거 중에서 "풍족하지는 않지만, 엄마 아빠가 항상 같이 있어주고, 언니 있고 그래서 우리 가정이 행복한 거 같다. 나는 행복하다" 이렇게도 쓰여 있더라고요. 제가 거기서 불행했다고 쓰여 있었으면 못 살았을 거 같아. 근데도 그래도 "행복했다"라고 쓰여 있으니까 제 혼자 나름으로 제 만족으로 '고맙다'는 생각을 한 거죠, 부모가. 부모가 '나는 이 가정에 태어나 가지고 너무 불행하다' 그랬다고 그랬어 봐요. '그렇게 간 애한테 제가 살 수 있었을까?' 하는 생각을 했던 거 같아요.

4
다혜와 관련해 기억나는 일화

면담자　　　다혜 키우시면서 기억에 남는 일화가 있으세요? 어렸을 때 이야기도 좋고 아니면 고등학교 다닐 때 이야기도 좋고요.

다혜 엄마　　　기억에 남는 거, 아까 깜짝 쇼였다고 그랬잖아요. 지가 왕따 됐나 싶어서 제가 깜짝 놀랐었어요. 그러면 "어떻게 했으면 좋겠냐?"고 엄마가 물어봤더니 "고양이 하나를 사달라"고 그러더라고요. 그때 아빠가 아팠어, 그때 암 초기였어, 암 수술한 상황이었었거든요. 엄마가, 내가 병원에 왔다 갔다 하니까 다혜가 더 많이 혼자 있는 시간이 많은 거예요. 제가 병원에 있고 하니까 많이 걱정이 됐었어요. 그랬더니 엄마한테 "고양이 하나 사주면 참 좋을 것 같다" 그래서 내가 그때 언니하고 합의해서 고양이를, 제가 페르시아고양이를 사줬어요. 그게 이름이 지금 '다윤이'거든요, 그래서 같이 지금도 크고 있어요. 새끼 낳아갖고 같이 지금 네 마리 키우고 있어요, 맨날 안고 자고 그러고 있어요. 그리고 똑같은 방법으로[을] 아빠한테 썼더라고요. 그래서 아빠가 원하는 기타도 사줬고 그런 적이 있었어요. 그게 제일, 혼자 생각하면 한 번쯤 딸 생각하면 웃음도 조금 날 때도 있어요. 지가 원하는 거는 제가 잘해줬거든요, 금전적인 거로는. '안 그래도 다 해줬을 텐데 그렇게 엄마를 속였나' 싶은 생각이 들어가는 거예요.

다혜를 찾고 와서 A라는 아이를 만났었어요, A는 살아 있잖아요. 그런데 걔하고 다혜 이야기를 하다 보니까 너무 밝은 아이였더라고요. 그리고 학교 가서 1학년 선생님도 만나보니까 활달하고 그렇게 밝은 아이었었더라고. 그런데 엄마한테는 그러지 않았어요. 사람들이, 그러니까 언니 사촌들도 있잖아요. 다혜 친한 사촌도 같은 또래고 와동중학교 같이 졸업을 해서 제가 걔들 교복을 똑같이 사줬어요, 졸업식 날. 어차피 단원고를 1지망으로 둘 다 썼으니까, 우리 다혜가 3개월 늦게 태어났거든요. 그러니까 다혜가 7살이고, 걔는 정상적으로 간 거고. 우리 조카가 졸업할 때 [제가] 고모니까 둘이 교복을 똑같이 맞춰줬어요, 내가 사줬어요. 그랬는데 걔는 떨어져서 경안[고등학교]으로 갔어요, 우리 다혜만 [단원고로] 가고. 그래서 보면서도, 그 아이는 지금 쳐다보지 못하고 있지만…. 뭐라고 이야기할까… 참 그래요.

면담자   친척분들은 안 만나고 계시는 건가요?

다혜 엄마   네, 힘들어요. 어저께 이모 아들이, 그러니까 언니 아들이 찾아왔었어요. 서울에 있는데 "구정에도 못 봤다"고 문자가 왔었어요, "이모 어떻게 사냐?"고. 여기 우리 큰딸하고는 서로가 연락을 하니까 "이모, 밥 한번 먹자"고 어저께도 이런 이야기를 하면서 많이 울었어요, 똑같은 이야기를 하면서. 그래서 다혜 방을 보고 가더라고요. 그 조카는 [다혜가] 수학여행 갈 때 용돈 못 준 게 마음에 걸려서 많이 아파 갖고 울더라고요. 오빠니까, 사촌 오빠들이니까. 제가 형제들이 참 많아서 다혜 또래가, 고등학생 고 또래가 세 명이에요. 그 밑에도 있고 그러니까 같이 많이 어울렸을 거 아니에요. 그런데 지금은 보는 게 너무 힘들어요. 우리가 아무도 친정 식구들, 시집 식구 그렇게 [안 봐요]. 저번 작년 추석 때 [다혜와 동갑인 사촌이] 왔더라고요, 길 건너 사니까. 그런데 다혜하고는 단짝이잖아요. 그런데 걔가 온 거예요, 못 쳐다봤어요. 와갖고 이런 이야기 저런 이야기하고 가는데, 웃더라고. 자기네 식구들이 웃더라고요, 이야기 끝에. 그런데 제 가슴이 찢어지더라고. 나는 너무 많은 걸 잃었거든.

가면서도 '쟤는 저렇게 행복한데 나는 한 번도 아니고 두 번이나 이렇게 고통을 주시나' 죄책감이 참 많이 들어요, 제 스스로. 남 탓하는 것보다 '아, 내가 세상에 무슨 죄를 지었길래, 내가 얼마나 그랬길래 나한테 이 고통을 주시냐'고 그런 생각을 참 많이 해요, 제가. 그래서 더 낮은 자세로, 사람들 앞에서 더 낮추고 그러고 살아요. 왜냐하면 저도 보통이 아니거든요, 성격은. 그런데 그런 생각이 들지를 않아요. 더 낮추고 낮춰서…. [남들이 보기에] 저 사람은 자식도 잃었고, 남편도 잃었잖아요. 내가 내 이야기를 하면, 내가 하고 싶은 대로 이야기를 하면 "저러니까 신랑도 잃고 남편도 잃고 아이도 잃었지 않아" 이렇게 소리 듣고 그럴까 봐, 우리 아이들한테 흠이 갈까 봐. 내가 무슨 말을 잘못하면 "그래, 부모가 저러니까 아이들이 저렇지" 다 애들한테 그럴까 봐. 그래서 말 한번 할 때 더 조심하고. 그러니까 외부 사람 만날 때 더 조심을 해요, 한 마디를 할 때도.

이런 이야기를, 아이들 이야기를 하면 곱게 안 보는 시선들도 있잖아요. 부모들은 그럴 때 처음에는 대응을 했어요. "네 자식을 물속에 넣어봐라, 그러겠니?" 그런데 그렇게 이야기 안 해요, 지금은. "모르시잖아요, 자식 잃은 아픔이 얼마나 큰 거[건지] 모르잖아요. 그런 것 당하시면 안 되잖아요" 그렇게 이야기를 해요. "그거는 당해보지 않은 사람은 알 수가 없는 겁니다". 저도 몰랐잖아요, 그렇게 아픈 걸. 이거는 다른 이야기인데, 그전에 제 친구가, 친한 친구가 아이를 잃었어요. 그때는 6살인가에 교통사고로 잃었어요. 구정에 쉬러 가다가 잃었는데, 몰랐어요. 내가 걔가 그렇게 아플 거라는 거 몰랐어요. 그리고 내 딸 장례를 치르고 찾아가서 "미안하다" 그랬어, "네가 자식을 잃어갖고 이렇게 아픈 건지 몰랐다"고. 그런데 다른 사람도 그럴 거 아니에요. 그 사람들도 자식을 안 잃었으니까 몰라요. 그 사람들한테 나를 알아달라고, 내가 이만큼 아프다, 이만큼 아프다, 그럼 그 사람이 '이만큼'이 어떤 건지를 몰라. '아, 저 사람이 저만큼 아플 거야' 그것밖에 모르는 거잖아요. 저는 피를 토할 정도로, 제 가슴을 다 후벼 팔 정도로 아파요. 그런데 그 사람은 몰라, '아플 것이다'라는 것만 알잖아요. 그래서 그렇게 이야기 안 해요. 아프다고만 이야기하지(울음).

5

4·16 이전의 일상

면담자   주말은 계속 일하러 나가셨나요?

다혜 엄마   장사했으니까 거진 나갔죠, 다혜는 친구들하고 집에
와서 떡볶이 해 먹고. 제가 화성에서 구내식당을 했었는데 그때는 아
빠가 아프니까 제가 가게를 접었어요. 많이 아팠을 때 항암 치료 받
았었거든요. 제가 [20]14년 똑같은 해 3월 달에 제가 가게를 접었어
요, 4월 달에 다혜가 그렇게 된 거고. 그래서 [가게 접은 뒤] 여행을 다
니려고, 저는 가족하고 여행을 다니려고 하는데 다혜가 안 가는 거예
요. "엄마, 아빠만 다니라"고 안 가는 거예요, 그래서 아빠하고 제가
어디 여행도 가고 그런 적은 14년도에. 그때 식당을 제가 접었고 그
이후로 3월 달에 아빠하고 항암 치료 하고 그렇게 다니고 4월 달에
다혜를 제가 잃은 거죠.

면담자   그때는 아버님 상태가 호전되고 있었나요?

다혜 엄마   항암 치료 받았을 때 호전된 게 아니었던 거 같아요.
그냥 버티고 있었던 거 같아요, 느낌에. 제가 많이 무너져 있었거든,
그때는. 지금 생각해 보면 나를, 와이프를 잃을까 봐 그냥 버텨준 거
같아요. 지나서 잠잠히 생각을 해보면 '다혜 아빠가 잘못되면은…'
그랬거든요. 제가 맨날 울고 다니고 그랬고, 제가 맨날 울고 그러고
다니니까 정신 줄을 놓을까 봐 그랬던 거 같아. 아빠가 의연하게 더
버텨주고 안 그런 것처럼 그랬던 거 같아, 이미 암은 다 번져가고 있

었는데.

면담자 언니와 다혜의 관계는 어땠나요?

다혜 엄마 언니 말이 법이지, 법이에요. (면담자 : 나이 차이가 나서 그렇죠?) 네, 언니 말이 법이고. 그래도 언니가 대학생이고 다혜는 고등학생이니까, 언니는… 눈치는 다혜가 더 좋아요, 키도 더 크고 말주변도 다혜가 더 좋아요. 그런데 고등학교 들어가니까 싸우더라고요. 언니한테 말대꾸도 하고 언니하고 대판 싸운 적도 있어요. 그때 언니가 그것 때문에 많이 울었어요. 동생을 잃으니까 자기가 못 해준 것만 생각나니까 그것 때문에 많이 울더라고요, 근데 그거는 싸울 수도 있는 일인데. 그러고 다혜가 시험 보고 오잖아요, 그러면 언니가 알바를 했어가지고 뭐를 사줘요. 롯데월드도 데려가고 과천도 데려가고 그래서 사진이 참 많더라고요. 무엇을 하고 오면 언니가 다혜한테 그만큼 보상을 해주는 거야, 맛있는 것도 먹으러…. 나는 내가 장사를 하다 보니까, 가게를 하다 보니까 둘이 그렇게 돌아다녔는지 몰랐어요. 내가 정신이 없으면 우리 큰딸이 [저를] 데리고 나가갖고 영화 하나 보면서, [큰딸이] 영화 보러 가자고 하면 가요. 내가 딸 때문에, ○○이 때문에 같이 가면 식당을 데리고 가는 거예요. 그럼 "엄마, 여기 다혜가 이 의자 앉고, 나랑 여기 앉아서 먹었어" [그런 장소개] 많더라고요, 가는 데가 둘이서는 많고.

다혜가 수능 시험이 끝나면 둘이 유럽 여행 가기로 했었나 봐요. 그것도 ○○이가 지켰어요. 친구를 데리고 갔다 왔어요. 작년에 유럽 여행 갔다 왔어요. 다혜 대신 자기 친구를 데리고 유럽 여행을 갔다 와서 처음에는 많이 불안했어요. 제가 비행기 타는 거서부터 단둘이 보낸다는 것도 불안했었는데, 맨날 하루에 영상통화 안 하면은 견딜 수가 없었어요. 잘 갔다 와서 많이 성장을 했더라고요, 마음도 딱 잡고. 잘 모르겠어요, 내 앞에서는 많이 웃는데 그게 과연 '엄마 앞에서 웃는 게 진짜 웃는 걸까?' 하는 생각이 들어요. 요새는 덜한데 딸이 일어나면 제 눈부터 쳐다봐요. "엄마, 오늘은 얼만큼 울었어?", "엄마, 오늘은 엄마들하고 뭐 할 거야?" 그거는 지금도 물어봐요. 병원에[서] 근무하고 아침에 들어왔거든요. 밤 근무 해서 지금 들어와 자요. 들어오자마자 "엄마, 오늘은 어디에 어떻게 하루를 보낼 거야?" 그러면서 "오늘 분향소에 다혜 이야기하러 갈 거야. 그런데 잘 모르겠어" 내가 그랬더니, "조금만 하고 와. 안 울 수는 없지만 조금만 덜 울어" 이렇게 하고 들어가 자더라고. 그게 걔 일상생활이에요, 엄마 눈 쳐다보는 거. '엄마가 오늘 하루는 어떻게 보낼 것인가' 하고.

처음에는 아빠를 잃고서는 걔도 물론 힘들었겠지. 그런데 남편하고 똑같은 거 같아요, 남편도 아내를 잃을까 봐 그랬잖아요. 그런데 얘도 아빠하고 동생을 어느 날 잃었잖아요. 그런데 엄마까지 잃을 수 없잖아, 그게 불안증이 참 많았던 것 같아. 저 역시도 마찬가지고, 걔가 어떻게 될까 봐 불안증이 참 많았던 거 같아요. 조금은 지금은 제가 그걸 봤어요. 그래서 여행 자꾸만 내보내요, 걔를. "친구들 만나라" 그리고 "스키를 타보러 가라" 그리고. 여기서 초등학교서부터 대학교까지 나왔으니까, 대학을 다녔으니까 친구들이 얼마나 많겠어요. 내보내요, "가서 보고 오라"고 그러고. 그전같이 불안

다혜 엄마 김인숙

해했어도 표시는 잘 안 내요. 불안하긴 해요, 하루에 한 번씩 영상통화[를] 나가면 꼭 해야 되고.

면담자   그러면 아이들을 키우면서 '이것만큼은 꼭 지켜서 키우고 싶었다' 이런 게 있으세요?

다혜 엄마   그런 건 없어요. 저는 두 아이에 대해서는 [아이들이] 알아서 하니까 한 번도 "학교 가라"고 깨워본 적이 없어요, 두 아이다. 지금도 [큰딸이] 병원생활 하잖아요. "야, 일어나서 병원 시간 맞춰서 가" 이래 본 적이 없어요. 잠은 제가 더 많으니까 아이들이 깨워서 "엄마, 밥 주라"고, 그러면 가서 삼겹살 구워서. 다혜는 그날도 초밥 먹고 갔어요, 초밥하고 삼겹살 되게 좋아해. 고기를 좋아하니까 아침에도 고기 구워 먹고 학교 보내고. 막내다 보니까 학교 갈 때 기분 좋게 해줄라고 원하는 거, "삼겹살 구워달라" 하면 삼겹살 구워주고, "유부초밥 아침에 해달라"고 그러면 유부초밥 해서 주고, 이렇게 해서 그랬던 거 같아요. 그래서 자기네들이 알아서 [잘해서] 특별히 그런 건 없어요.

면담자   아침은 꼭 챙겨서 보내셨네요.

다혜 엄마   안 주면 학교 안 가요, 다혜는. 언니는 안 그랬는데 다혜는 아침밥 안 주면 학교 안 가요. 그래서 제가 늦잠 자는 날은 태워다 주면서 유부초밥, 삼각김밥이래도 차에서 멕여서 그러고 가더라고요. 그런데 학교 가서는 "밥을 한 번도 안 먹었다"고, "아침밥 굶고 왔다"고 [했다고] 친구들이 그래요. A가 대학을 안 가고 걔가 요리로 자격증을 땄어요. 그래서 그 친구가 요리를 해갖고 와서 다혜한테 줬대요, 맨날. "아침밥을 안 먹고 왔다"고 그랬는데, 다혜는 아침밥을 안 먹으면 학교를 안 가는 애였어요. 무슨 일이 있어도 아침에 삼 겹살을 구워 먹어야 되고 초밥, 지가 원하는 반찬이 다 있어야 되는, 먹으면 가야 되는 애였어요. 먹는 게 그랬었어요.

면담자 　　　다혜가 평소에도 먹는 걸 좋아했나 봐요.

다혜 엄마 　　　엄청 좋아했어요, 둘이. 셋이서 처음에는 고기 먹으러 도 갔고 셋이 초밥 먹으러 잘 다녔거든요. 셋이 초밥 먹으러 가면 7, 8만 원어치씩 셋이서 회전초밥 먹으면 그렇게 먹고 오고 그랬었어요. 밤 에 셋이 고기 구워 먹고요, 고기를 셋이 다 좋아해 갖고 셋이서 그렇 게 아빠 자면 몰래 거실에서 셋이서 고기 구워 먹고, "아빠 자니까 우 리 살살 구워 먹자" 그러고, 아빠 방에서 다 듣고 있는데 "아빠 나오 면 우리 혼나니까" 그러기도 하고, 그렇게 몰래, 아빠 몰래 셋이. [아 빠가] 살찐다고 뭐라고 하니까 피자 이런 거 잘 시켜 먹었던 거 같아 요, 셋이 나가서. 아빠가 어디 가시면 무조건 그날은 맛있는 거 셋이 가서 사 먹는 거고 그랬던 거 같아요.

면담자 　　　세상 돌아가는 일이나 시사에 대해서는 좀 관심이 있 으셨나요? 특별히 신문이나 TV를 챙겨 보신다거나?

다혜 엄마 　　　없었어요, 아빠가 그런 쪽으로 많이 그래서 저는 없었 어요. 저는 돈에 관심이 많았고, '돈만 벌어서 아이들하고 더 풍족하 게 산다' 그 외에는 없었던 거 같아요.

면담자 　　　투표 이런 것도 열심히 하는 편은 아니셨어요?

다혜 엄마   아빠한테 떠밀려서 갔어요. 거진 별로 안 좋아하고 그런 거 관심이 없었어요. 전혀 관심이 없었어요, 몰랐고 너무 몰랐어요. 그냥 아이들만 잘 키우고 아이들만 그렇게 하면 되는지 알았어요. 그래서 셋이 모여서 웃고 떠들고 이게 전부였었어요, 그게. 물론 저도 친구 좋아하니까 친구도 만나러 가고, 먹는 거, 셋이 같이 있는 거, 그거 외에는 별로. 그런 데 정치에는 관심이 하나도 없었고⋯ 아빠는 달랐겠죠, 저는 아니었어요.

6
수학여행 전날과 당일 상황

면담자   수학여행 전날 이야기부터 여쭤볼게요. 출발하기 전에 배나 비행기 고르는 걸 아셨나요?

다혜 엄마   몰랐어요, 아빠가 아파서⋯. 그러니까 그때는 아빠가 아파 항암 치료 중이었잖아요. 하나도 몰랐어요, 언니하고만 상의했어요. 아침에 출발하기 전에 그 전날에 아빠가 항암 치료를 받았어요, 출발하기 전날. 그래 갖고 서울 갔다 와서 아빠가 항암 치료 받고 오면은 힘드시잖아요. 해주고 나서 챙겨주면서 그날 "엄마, 유부초밥을 해달라" 그래서 유부초밥 해주고. 그래도 "아빠가 태워다 준다"고 태워다 주러 갔거든요. 캐리어를 다 챙겨, 그런 것도 신경 안 썼어요. 저는 아까도 이야기했지만 아이들이 '일어나', '뭐 해', '뭐를 어떻게 해' 그래 본 적은 없어요. 엄마로서 교복, 저는 구겨진 교복을 입혀

보지를 않았어요. 아이들은 구겨진 옷 한 번도 안 입혀봤어요. 입고 나가서 구겨지면 했지, 제가 잠을 안[못] 자도 안 그랬었어요. 왜? "나 가서 구겨진 것 입으면 그렇다"고 그러니까 그게 다인 줄 알았어요. 그렇게 항상 깨끗하게 싹 다려서 깨끗하게 말끔하게 입혀주면 그게 다인 줄 알았어요, 그게 엄마가 하는 거. [애들이] 다 알아서 하니까, 수학여행도 지가 알아서 하니까.

면담자   수학여행을 간다는 건 언제 아셨어요?

다혜 엄마   수학여행을 간다고 이야기를 했을 때 "엄마, 반에서 두 명이 지원을 받아서 갈 수 있대. 엄마, 나도 신청을 했어" 이러는 거 야. 걔는 돈에 대해서 엄청 그러거든요, 딸 둘이 그래요. 그래서 내가 "그걸 왜 신청을 했어?" 그랬더니 "항암 치료 받고 돈이 부족하면, 혹 시 선생님이 [전화] 오면 힘들다고 이야기를 해" 어떻게 말을 하라는 것까지 다 가르쳐주는 거예요. 그래서 내가 "아니, 왜 그랬어. 엄마, 돈 있어. 엄마 식당 넘긴 돈도 있고" 제가 돈 있었어요, 가게 넘겼으 니까. "엄마 돈 있는데, 왜?" 그러니까 "아이 그래도. 그거 아니야, 엄 마" 그렇게 이야기를 시키더라고요, 어떻게 지원을 받으라는 것까지 다 가르쳐주는 거예요. 그런데 선생님이 전화가 왔어요, 그래서 이야 기를 하시는 거야. 그래서 내가 선생님한테 그랬어요, "안 그러셔도 된다"고. 그래서 "더 어려운 아이 해주시는 것도 괜찮겠다"고 내가 그 랬더니 다혜가 그랬다고 뭐라고 하는 거예요. 그래서 내가 "너보다 더 어려운 아이들이 많대. 그런데 왜 그렇게 그래?" 내가 그랬어요.

그랬더니 그 이야기 하면서, 그 전에 제가 "필요한 돈을 얘기를 해, 엄마가 얼마든지 줄게" 그래 갖고선 걔는 돈에 관념이 없어요. 제가 중학교 때 3만 원 용돈을 줬어요. 3만 원을 주는데 아빠가 또 떼어 따로 주고 제가 필요하면 따로 주잖아요. 그리고 시장 갔다 오면 제가 잔돈이 많으면 걔 다혜 책상에다 항상 넣어놔요. 그러니까 돈이 3만 원 용돈 받으면 아무 데나 놓으면 언니가 그거 갔다가 피자 사 먹고 그렇게 그랬거든요, 그렇게. (한숨을 내쉬며) 제가 말이 지금 갑자기 어떤 말을 해야 될지 생각이 안 나는 거야, 뭘 물어보셨죠? (면담자 : 수학여행에 관해서요) 그래서 알게 됐어요, 그때 "알아서 얘기하고, 옷 필요한 거 이야기해라" 그래서 옷 사줬더니 "추리닝 하나 비메이커로 하나 사달라"고, "위에[상의] 하나 사달라"고 그래서 그렇게 사주고 보냈던 거 같아요.

아침에 전화했을 때 저는 애들 수업하고 끝나서 가는지도 몰랐어요. 그런데 내가 통화를, 나는 아침에 출발을 하는지 알았어요. 그 용지를 안 본 거야, 애가 갖고 오는 거를 그걸 안 봐서. [다혜가] 그걸 남한테 보여주지도, 엄마나 아빠한테 저녁을 하고 있으니까 안 보여준 거예요. 그래서 내가 유품 정리하면서 그걸 다 봤어요. 그래서 내가 많이 울었지만, 엄마한테 그런 거에 대해서는 신경을 안 쓰게. 엄마가 무책임한 거죠. 엄마가 너무 모르는 거지, 쉽게 이야기하면 너무 모르는 거예요. 제가 관심이 없었던 게 아니고, 몰랐던 거 같아요, 아빠가 그렇게 되니까. 나는 제주도에 도착할 줄 알고, 그때 배타고 가는 걸 그때 알았어요. 그러면서 "인제 도착했어?" 전화했더니 "엄마, 나 이제 차 탔어" 이러는 거예요. 그래서 "알았어. 좋은 추억 만들어갖고 와", "엄마, 집 나가면 개고생이라는데 안 가면 안 돼?" 이렇게 이야기하더라고요. 그래서 "아니야, 이거는 거쳐 가는 추억 과정이야. 네가 이다음에 사회생활 하면서 그런 얘기 이런 얘기하면서 사회생활도 하고 그러는 거야. 남자가 군대 갔다 와서 군대 이야기하듯이 너도 이렇게 같이 하는 거야" 그래서 내가 "잘, 좋은 추억 많이 만들어갖고 와. 그러고 중간중간 엄마한테 전화 좀 했으면 좋겠어" 그게 다예요. [배 타기 전에] 언니하고는 "[통화]했다"고 그러더라고. "언니, 안개가 꼈어. 근데 있잖아, 배가 출발을 안 해. 짜증 나. 나 지금 화장실인데 있잖아, 지금 출발할라고 그래" 이런 "마지막 통화 했다"고 그러더라고. 그게 다였어요.

면담자   사고 소식은 언제 아셨어요?

다혜 엄마   아침에 뉴스 보고 알았어요. 아침에 아침밥을, 아빠 약을 먹으니까 챙겨주고 [TV를] 딱 틀었는데 단원고가 그게 나왔어요. 그래서 다 놓고 학교를 갔죠. [중간에] "전원 구조되었다"고 그랬잖아요? 저는 믿지 않았어요. (면담자 : 안 믿으셨어요?) 저는 믿지 않았어요, "제 눈으로 봐야 된다"고. 그때 아빠가 그런 상황이니까 제부한테 전화를 해서, [아빠가] 운전할 수 없는 상황이잖아요. 저도 장거리 운전도 한 번도 해본 적도 없고 그래서 제부한테 전화해서 "집으로 오라"고 이야기를 했어요. 그러고 학교에서 나와서 제가 팽목으로 오자마자, 다른 사람은 "옷도 챙겨갔다" 그러지만 저는 그럴 여력도 없었어요. 내가 '옷도 챙긴다'는 생각도 못 했어요. 나는 '애를 눈으로 봐야 되겠다'는 그거 외에는 아무것도 없었던 거 같아요. 그러고 갔는데 한두 분만 오셨어요, 부모님이.

면담자   몇 시쯤 도착하셨어요?

다혜 엄마   일찍 도착했어요, 저는 한 200[km/h] 밟고 갔으니까,
한두 분? 그때 진도체육관을 갔는데 없었어요, 별로 사람들이 없었
어요.

면담자   단원고에서 출발하신 분들보다 일찍 도착하셨네요?

다혜 엄마   네, 저는 일찍 갔었잖아요. 일찍 가니까 없었어요. 병
원을, 거기 관계자를 찾았어요. "어느 병원에 애들이 입원해 있나?"
고 그거부터 물어봤었어요. 그랬더니 "병원에 입원한 애들이 하나도
없다" 이렇게 말씀하시더라고요. 그리고 한 5시나 그쯤 되니까 버스
한 대가 딱 들어오는 거예요. 아이들이 내리는 거예요, 모포를 쓰고.
그래서 한 아이를 쫓아갔어요, 제가. "너 몇 반이니?" 9반이래요. "다
혜 봤니?" 그랬어요, "다혜 봤니?" 그랬더니 봤대요. 일단 일어나 있
는 거잖아요, 일어나 있는 거잖아. 나는 '새벽이었으니까 자면 어떡
하나' 이런 생각을 했는데 "게임하는 걸 봤다"고 이야기를 하니까. 이
미 일어나 있었잖아요. 그러면 저한테 희망이 있는 거였었어요. 다
내렸는데 우리 다혜는 없더라고요. 칠판에 [생존자] 이름이 쫙 써, 그
때부터 쓰기 시작했더라고요. 그래 내가 물어봤어요, "이 아이들이
다냐?"고. 이 아이들이 다래요, 더 이상은 아이들이 없대요.
     그러고 나서 아무 생각도 안 났어요. 울지도 않았고 그냥 앉아
있었던 것 같아, 아무 생각도 없었던 것 같아. [생존한] 아이들이, 걔
네들이 다 쫌 있다가 목포로 태워갖고 안산으로 데리고 가더라고요.
거기서 다시 차를 타고 팽목으로 들어갔어요. 제가 팽목에 들어갔는

데 그날 비가 부슬부슬 왔잖아요. 아무것도 볼 수가 있는 게 없는 거예요, 저희는. 없잖아요, 아무것도. 근데 배를 빌려서 아빠들이 들어갔잖아요. 저희 신랑은 들어가면 안 되는 상황이었어요, 항암 치료를 받고 있었기 때문에. [그래도] "들어가라"고 그랬어요. 그런데 가서 많이 거기서 안 좋았었던 같아요, 온몸에 항암 치료 받는데 그 바닷바람으로 해서. 저는 못 들어갔어요, 그때 못 타게 해서 안 들어갔는데 [세월호가] 넘어지는 과정을 아빠는 보고 온 거잖아. 그리고 다시 비가 오니까 체육관으로 다시 왔어요. 거기[팽목항에] 있을 데가 없어 갖고 앉아 있다가 체육관으로 와서 하룻밤 자고 제가 다시 팽목으로 들어갔어요. 팽목에 몽골 텐트 있는 데에, 하나하나 다 밥차가 오고 다 오더라고요. 저는 바닷가에, 거기 앉아서… 할 수 있는 게 아무것도 없어요. 제가 할 수 있는 거는 바다만 바라보는 거 외에는 아무것도 할 수가 없더라고요. 그러고 빨간 등대 있죠? 그 옆에서 앉아 있었던 게 다인 거 같아요.

그러고 나서 저녁때 되니까 선생님하고, 그게 우리 반 선생님인지도 몰랐어요. 처음에 아이 [수습되어] 나오고 나서 막 뛰어갔어요. 제가 뛰어가서 걔를 봤어요. 우리 다혜가 아니더라고요. 너무 좋았던 거 같아요. 내 딸이 아니잖아요, 살아 있잖아요. 그런데 그때 페이스북에 아이들 이름, 살아 있는 아이들 이름이 떴어요. 거기 우리 다혜가 있는 거예요, 아직도 바닷속에 [살아 있다고] "공기를 넣는다"고 그랬었잖아요. 나는 '아, 공기도 넣어주니까 아직 살아 있구나'. [수습된 아이가] 내 딸이 아닌 게 너무 다행인 거예요, 저는. 그래 갖고 체육관에 가서 하룻밤 자고 그러고 아빠는 거기 있고. 아빠는 항암 치료 했으니까 바닷바람까지 쐬어갖고 더 이상 아빠는 움직일 수가 없어요. 그 진도체육관에서 위에서 누워 있는 거예요, 아빠가 신랑이 안 보였어요. 저는 진짜, 나는 내 신랑한테 가서 "너 왜 거기 누워 있냐?"고 그랬어요. "암만 다 끌고래도 새끼를 찾으러 가야지, 왜 거기서 누워 있냐?"고 남편한테 그랬어요. "싫다"고 그랬더니 울더라고요. 그래서 나 혼자 다시 버스를 타고 팽목으로 왔어요. 안치소 있잖아요, 안치소 앞에 몽골 텐트가 있었어요. 거기서 처음에는 들 것으로 들고 나왔잖아요, 애들을. 거기 바로 앞에 맨날 거기 앉아 있었어요, 저는 빨리 볼라고.

7
팽목항에서 경험했던 일들, 당일 이후 상황

다혜 엄마   (울먹이며) 그런데 이미 산 거로는 포기했었어요, 제 마음속으로 이미…. 3일이 지났잖아요, 그런데 에어백을 넣느니 뭐를 넣느니 그래도 그거는 아닌 것 같았어요. 이제는 찾아가는 거, 찾아가는 게 우선이었었어요. 근데 애들이, 엄마들이 우왕좌왕하면…, [수습한] 애를 [한 번에] 몇 명씩 줬잖아요, 그러면 또 애들 보러 가고. 그리고서 아빠는 보지 못하게 하고 저하고 ○○이하고 둘이서. (면담자 : 다 보셨어요?) 다 봤죠, 그 많은 아이들 저는 진짜 다 봤어요. 다 하나하나 다 봤어요, 똑같더라고. 구분을 할 수가 없어요. 여섯 명의 아이를 뉘어놓고 거기서 자식을 찾으라는데 그렇게 할 수가 없는 거예요. 근데 걔네들이 하나같이 다 똑같아요. 긴 머리죠, 이미 팅팅 불어 있잖아, 찾을 수가 없었어요. 그래도 부모님은 찾아가더라고요, 자기 자식은. 그래 놓고 찾아가는데 저는 암만 찾아도 제 자식이 없어요. 그래 갖고 4일, 5일, 6일, 7일…. 거기서 혈압약, 수면제, 수면제 먹고 살았어요. 그때 병원[에서] 치료해 주는 과정이 많았었잖아요. 그래서 제가 수면제를, 혈압이 192회[mmHg]까지 갔었거든요. 저는 정상적인 사람이었었고 그랬는데 [그때는] 혈압[약], 수면제 아니면 살 수도 없었고, 하루도 수면제 아니면 살 수가 없었어요.

그러다 보니까… 아이는 찾을 수가 없고, 아이는 없는 거예요, 계속 봐도. 하루에 애들을 찾는데 시신을 다 돌아가면서 뉘어놓잖아요. 제가 돌아가면서 다 봤더니 우리 큰딸이 제가 뒤로 넘어가니까 엄마를 못 들어가게 막는 거예요. 그리고 밤에 가위가 눌리는 거예요. 아이들이, 그때는 아빠가 항암 치료하러 안산에를 와야 되는 상황이었는데 아빠보고 "가라" 그랬어요. "안산으로 가라" 그리고 제가 체육관에서 짐을 싸가지고 [팽목항의] 몽골 텐트로 왔어요, 아예 그 안치소 앞에. 빨리 찾아가야 되니까. 다른 거 다 필요 없어, 안치소 앞에서 아이들을 봐야 되니까. 그래서 그 많은 아이를 제가 다 봤어요, 안치소 앞에서. 아빠는 안산에 있고 [팽목과 안산을] 왔다 갔다. 아빠는 그냥 와서 있고 [다시] 안산으로 가고, 내가 "당신은 안산에 가 있으라"고 그러고 [시신들을] 봤는데, 밤에 자면은 아이들이 천장에 다 있어요, 다 누워서. 천장을 보면 아이들이 다 천장에 누워 있는 거예요(침묵). 물론 무섭기도 하죠, 머리 긴 애들이 천장에 다 누워 있는데.

그랬더니 우리 ○○이가 그러더라고요, "엄마, 엄마 그만 봤으면 좋겠고 내가 알아서 확인할게" 이렇게 이야기를 하더라고요. 그래서 그다음부터 ○○이가 봤어요. 같이 들어가서 봤는데 그다음부터 ○○이 혼자 들어가서 보는 거예요, 자기 동생을 찾는 거예요. 없었잖아요, 그랬는데 [수습되는] 아이들이 끊겼잖아요. 그리고 [큰딸의] 학교에서 "더 이상 안 된다"고, "학교로 오라"고 이야기를 해서 ○○이를 보냈어요, 제가. 그러고서는 어쩌다 한두 명 나오니까, 지금 팽목에 윤희 삼촌이라고 있죠? 그분이 항상 저희한테, 윤희가[를] 일찍 찾아갔어요. 윤희가 아빠[끼리도] 같은 친구예요. 윤희가 일찍 찾아갔고, 윤희 아빠가 윤희 장사[장례]를 치르고 제가 혼자 있으니까 다시 왔었어요. 그때도 장사 치르고 가는 와중에 제 언니도 와 있었지만, 사람들이 많이 불안해했거든요, 저를. 바다에 뛰어들까 봐, 뛰어들 수 있을 수도 있고 아닐 수도 있고, 잘 몰랐어요. 제가 제정신이 아니니까 '과연 내가 뛰어들었을까?' 이런 생각도 물론 해요. 그래도 ○○이는 생각을 하지 않았을까 하는데.

그리고 [수습되는] 아이들이 끊기고 나니까 제가 할 수 있는 게 [없고], 아이들이 어쩌다 한 명씩 나오잖아요. 그러고 나서 다이빙 벨이 들어왔어요. 물론 내가 다이빙 벨, 갖은 욕을 다 했어요. "이상호 기자, 너네들이 왔기 때문에" 이러고. 한창 여자애들이, 엄마들은 이미 선수, 선미가, 내 아들이 어느 방에 있는지를 다 꿰어져[알고] 있어. 그러니까 우리 다혜는 선미 룸 가운데 있었잖아요. 해경에서 선미를 [수색]하다가 다이빙 벨을 선미를 주고 나니까 그다음부터 여자아이들을 못 찾았잖아요. 그러니까 너네들이 실험을 한 거잖아, 결론은. 그때는 엄마들이 당황을 하니까 "다이빙 벨이 이렇게 해서 하게 하면 될 거다" [설명했는데] 그런데 그게 아니잖아요. 개네들은 '우리 아이를 데리고 실험을 한 거'라고 생각을 했어요, 저는 그때 당시는. 그래 갖고 다이빙 벨이 빠져나갔잖아요, 그래서 막 쫓아갔어요. "개새끼, 가만 안 있는다"고, "너는 우리 아이들 갖고 장난을, 너네 그거를 실험을 한 거[다]"라고 쫓아갔었어. 사실은 거기에 이상호 기자[한테] 쌍욕도 다 했어요, "너 고발할 거야. 너 안산 가면 알아서 해" 이를 갈았었어요, 그 〈다이빙벨〉 영화를 보기 전까지는. 그런데 그 사람을 보고 나서는 그 사람한테 안 그랬어요, 어느 날 통화를 해서. 그것도 그 사람 나름대로 그게[이유가] 있었더라고요, 영화를 보니까.

그리고 그 다이빙 벨이 빠지고 나서 말일쯤 되니까, 제가 그날도 바닷가에 앉아 있었어요, 혼자서. 언니는 뒤에 있었고 그 바닷가에 앉아 있는데 제가 다혜를 찾아갈 방법이 없는 거예요, 그때 여자애들이 별로 안 남았었어. 근데 그 당시에는 내가 마지막이 될까 봐 그때서부터는 두려웠어요, 저는 어떻게 [해서든] 찾아가야 되는데. 그래서 바닷가에 앉아 있는데, 우리 다혜는 "엄마 손이 맨날…" 내가 식당을 하고 칼질을 하니까 이 손이 항상 부어 있었어요. (손을 만지며) 여기가 맨날 아파서 병원도 입원했고, 잠결이라도 이렇게 주물러줬어요. 나는 다혜하고 많이 거실에서 잤거든요. 아빠가 아프고 누워 있으니까 "뒤척뒤척하면 잠 못 잔다"고 제가 다혜하고 거실에 잤는데 이렇게 팔을 아프다고 주물러주고, "우리 엄마 고생한다"고 지가 "커서 다 해준다"고 속삭였어요. 맨날 귀에다가 왕반지 다이아 끼워준다고 그랬었어요, 진짜로 그랬었어요. 그 생각이 떠오르더라고요, 바닷가에서 혼자 앉아 있는데.

그때 바지선을 타고, 아니 배를 타고 바지선에 한번 가봤어요.

갔는데, 가서 이렇게 둘러봤었어요. 가는데 담요, 모포 이런 게 둥둥 둥둥 떠내려가더라고요. 그 바지선에 배 가까이 가니까 이런 게, 장애물이 둥둥둥 떠내려가더라고요. 그래서 그다음에 바지선에 올라타서 저렇게 보니까, [수색 현장을] 봤어요, 내가. "다혜야, 엄마 왔는데, 빨리 엄마한테 왔으면 좋겠다"고 내가 거기서 울었어요, 엄마한테 "빨리 오라"고. "엄마, 너무 힘들고 너무너무 보고 싶으니까 엄마한테 빨리 오라"고 그거를 소리치고 울고 그래대니까 나갈 시간이라고 나를 콕 집어서 다시 팽목으로 왔는데, 거기서 내가 봤었어요, 잠수부들을. 어리더라고요, 그때는 많이 먹어봐야 스물넷? 다섯? 그 어린아이들이 거기에 과연 들어가서 얼마나……. 그때 내가 바지선 들어갔을 때 '언딘'이 있었어요. 스물넷, 스물다섯[인데] 얼마나 겁이 났었겠어요, 그 사람들도.

그런데 '과연 거기 얼마나 수색을 할까?' 하는 생각을 했었어요. 먹는 걸 보니까 너무 그런 거예요. 그 이튿날 또 들어갔어요. 바지선에 제가 필요한 거, 거기 필요한 걸 제가 적십자한테 윤희 삼촌을 통해서 다 받았어요. 종이컵 뭐 받아갖고 다시 바지선으로 들어갔어요. 안 울었어요, 그때는 기도했어요. 저는 그때 절에 다녔었거든요, 기도했어요. '다혜야, 엄마 너 찾을 때까지 여기 올 거야. 네가 엄마 손 맨날 팅팅 부은 거 많이 가슴 아파했잖아. 엄마 여기서 또 시작할 거야' 그리고 그 사람들을, 음식이 너무 많이 들어오는데 그걸 그냥 위에다 쌓아놓으니까 [유통기한이] 지난 걸 먹는 거예요, 그 잠수사님들이. 그래서 제가 날짜 지난 거를 다 뺐어요. 거기 같이 들어간 사람들하고 빼고, 좋은 음식을 김치를 해서 가스레인지 거기다 끓여서 참치 캔 있잖아요, 탁 해서 끓였어요. 그리고 오시는 분을 제가, 저는 식당을 해봤잖아요, 딱 갖다드렸어요. 찌개 뜨듯한 거 끓였어. 앞에다 딱 갖다 대면서 "먹고요, 한 번 선미 룸 거기 다혜, 제 딸이 있습니다. 한 번 더 봐주세요" 저는 그렇게 이야기를 했어요, 그 사람들한테. 그분들이 제 손을 잡고 우시더라고요. 언딘의 가장 일하시는 분이… 우서요, 그때는 그랬어요. 찌개 끓이고 청소하고 시간 남으면 그 사람들 화장실 청소까지 제가 다 했어요, 돌아다니면서. 그 이튿날 또 나와서, 그 이튿날 또 들어갔어요. 또 들어가서 음식을 해서 그 사람들한테 줬어요, 제가. 〈비공개〉

그 사람들이 바닷속에, 찬 바닷속에 들어가서 나왔을 때 뜨듯한 밥을 먹고 한 번 더 들어가 달라는 제 마음이었었어요. 그리고 저는 지금 그 사람들 이름은 모르는데, 해경에서 사람들이 가면 브리핑을 하게 되어 있어요. 부모가 들어가면, 엄마들은 "여기 선미 룸에 [아이들이] 있습니다" 이렇게 이야기했지만 저는 그렇게 안 했어요. 이미 그 사람들은 제가 선미 룸, 정다혜 엄만지를 다 알아요. 그죠, 청소하고, 찌개 끓여주고 밥 차려서 뜨듯한 밥 먹으라고 그러고 그러는데 그 사람이 제가 누구인지 모르겠어요? 알잖아요. 그러면 굳이 제가 거기 선미 룸에 제 딸이 있다고 얘기할 필요가 없는 거예요.

제가 며칠 못 나왔어요. 배가 하나 따라 들어가는 데 그걸 못 타고 나왔어요, 하다 보니까. 이 출렁배 있잖아요, 우리 제부가 그때는 신랑이 아프니까 제부가 옆에 있었거든요. 제 옆에 제부가 있었어요, 제부랑 둘이 그걸 타봤어요. 이거 출렁배를 탔는데 너무 무섭더라고요, 너무 무서운 거예요. 근데 그 순간에는 내가 죽을까 봐 딸 생각이 안 나는 거예요. 지나서 이야긴데, 그래 갖고 내가 너무, 나중에는 그랬어요. '그래 죽으려면 죽어라' 이런 생각을 하고서 이거를 [난간을] 꽉 잡았, 이게 파도가 치니까 너무 이게 [배가] 서더라고요. 그래서 내가 너무 무서워하니까 군함한테 연락을 해서 군함 옆에 가서 [배를] 세워갖고 저를, 배를 걸어갖고 군함으로 올리더라고요. 거기서 커피를 한 잔 주시더라고요. 그분이 [차마] 말을 못 하시잖아요, 그분들이. 그러니까 저는 닦달하지 않았어요. 나는 아직 자식을 못 찾았으니까. 지금 은화 엄마가 그 심정이에요. 저는 은화 엄마를 이해를 해요. 서로가 서로의 방법으로 자식을 찾는 거예요. 그때도 은화 엄마하고 둘이 손잡고 "우리 마지막이 되지 않았으면 좋겠다"고 맨날 둘이 그랬거든요. 그리고 또 들어갔어, 그날 헬기를 타고 제가 [군함에서] 다시 나왔어요.

8
아이를 찾은 당일과 장례까지의 상황

다혜 엄마　　　그분들이 헬기 태워다가 팽목에 저를 내려주더라고. 그다음 날 또 들어갔어요. 또 들어가서 그날은 봉지에 닭이 어마어마하게 많더라고요. 닭을 삶아서 백숙해 놓은 거, 다 삶아서 그분들 또 줬어요, 그게 5월 3일이었어요. 그때는 ○○이도 왔어요. 그때 연휴가 길었어요. "○○아, 엄마가 다혜를 봐도 못 찾을 거 같아. 다혜가 와도 엄마가 못 볼 거 같아, [네가] 봐줘라" 그랬어요, ○○이한테. 그랬더니 우리 ○○이가 그날 차를 타고 왔어요. 바지선에 같이 들

45

I회차

어가서, 윤희 아빠가 글재주가 좋아요. 그 글을 써서 거기다 바지선에다 붙이고 나는 음식을 해서 주고 그렇게 하고 있었어요. 그런데 "나가라"고 그러더라고요, 그날 다 시간 됐으니까. 그래서 그 전날에는 제가 놓쳐서 못 나와갖고 그거 출렁배를 탔잖아요. 못 타겠더라고요, 다시는. 진짜 무서워서 못 타겠더라고요. 그래서 서둘러서 나왔는데, 여자아이 하나, 남자아이 하나가 나왔대는 거예요.

면담자 　　　팽목항에 도착하니까요?

다혜 엄마 　　　내가 그 팽목에 딱 들어오니까 아이들을 찾았다고 붙여놨었어요. 제가 그것도 떼 와서 저한테 있거든요. 우리 ○○이가 "엄마는 피곤하니까 몽골 텐트에 가서 쉬세요. 제가 가볼게요" 이야기를 하더라고, 몽골 텐트에 가서. 그때 제가 폭식증이 걸렸었어요. 그 과정에 밥차가 쫙 있었어요, 팽목에 대합실을 끼고 밥차가 이렇게 있었어요. 아침 먹으러 가면 그 밥차를 다 거쳐 가요, 제가 여기서 먹고. 그러니까 한 끼 아침에 네 끼를 먹는 거고, 점심에 네 끼를 먹는 거고, 저녁에 네 끼를 먹는 거예요. 그래도 허했어요. 오다 보면 적십자에서 양말이고 뭐고 주잖아요, 그러면 양말을 하나 들고 다니는 거예요. 우리 언니가 봤을 때는 너무 제가 정신이 나간 거잖아, 언니가 "너 그러면 안 된다. 너 이상하다"고 그래서 제가 정신과 거기 또 가봤어요. 그랬더니 "어머님, 정상입니다. 괜찮아요. 어머님 갖고 가시고 싶은 대로 막 들고 오세요. 어머님이 지금은 안정이 안 되니까 그런다"고 그러시더라고. 그때부터 밥을 줄였고, 양말을 갖고 오고 이런 것, 주는 것 있죠? 그런 걸 그랬었어요.

아무튼 그런 상황인데, 그날도 밥을 먹고 제가 나와서 저녁을 먹고 있는데 "○○아, 너 그거 애들이 왔는데 봤어?" 내가 그랬더니 "엄마, 아니야" 그러더라고, "다혜가 아니야" 이래요. 그래서 "그래? 그럼 내일 또 팽목 바지선에 들어가야 되니까 엄마 좀 쉴게" 그러고 그랬는데 우리 딸이 안 들어와요, 엄마한테 그 이야기 해놓고 안 오는 거예요. 그때는 식구들이 많이 와 있었어요. 제 식구들이 동생, 언니, 제부, 다 많이 와 있었어요. 그러니까 바지선을 마지막 날 5월 3일 날 들어갔고 5월 2일 날이었어요, 그날이. "엄마, 5월 4일까지는 다혜가 올 거야. 엄마 너무 걱정하지 마" 우리 ○○이가 그렇게 이야기를 하더라고. "5월 4일까지는, 엄마, 올 거야. 내가 이야기를 했어". 그런데 5월 4일이 우리 ○○이 생일이에요. "언니 생일날은 오겠지. 엄마, 내 생일날은 올 거야. 걱정하지 마, 엄마. 가서 쉬어" 이러더라고. 그래서 약을, 수면제를 먹고, 수면제를 먹고 잤어요. 근데 [식구들이] 자기네끼리 이야기를 하는 거예요. 벌떡 일어났더니 "뭔 이야기를 해?" 내가 이랬어요. 그랬더니 내 동생이 수면제를 갖다 또 멕이는 거예요. "언니 푹 자고 내일 또 들어가야 되니까". 근데 그게 다혜였던 거예요.

면담자　　　다른 분들은 미리 알고 계셨네요?

다혜 엄마　　　다른 사람들은 다 알고 있었던 거야. 확인하는 과정에 엄마가 알까 봐 수면제를 잔뜩 멕여놓고 저를 재운 거였었어요. 저는 그것도 모르고 아침에 일어나 보니까 남편이 와 있어요, 안산에 있는 남편이. 그때도 택시도 그렇게 해주셨잖아요, 택시를 타고 안산에서 왔더라고. "어쩐 일이냐, 여기 왜왔어?" 내가 그랬더니 "그냥 왔어" 그러더라고, "밥을 먹으러 가자"고 얘기를 해요. 그래서 밥을 먹으러 갔죠, 제가 밥을. 오는데 핸드폰을 딱 보니까 ○○이 큰엄마가 전화가 와 있어요, 그때 전화도 제가 안 받았거든요. 남편이 옆에 있길래, "형님한테 왜 전화가 왔을까?" 내가 그랬어요. 지나가는 말로 그랬더니, 우왕청심환을 딱 멕이는 거예요. "뭔가가 있는 것 같은데" 그랬더니 우황청심환 팍 먹이더라고요. 그때는 다 제 뒤에 둘러 있었어요, 형제들이. 그러더니 다혜 아빠가 뒤에서 안아주면서 "찾았다"고, "다혜 찾았어, 다혜 엄마, 다혜 찾았어. 조금만 기다려. 다혜 찾았으니까 조금만 기다리면 다혜 볼 수 있어" 이러더라고요(울음). 그러니까 한 30분 되니까 다혜를 보여주더라고요, 그 와중에 나를 수면제를 멕여 놓고 우리 ○○이는……

아이가 이미 겉으로는 찾을 수가 없는 상황이었었어요. 그래서 제가 치과를, 그 전에 수학여행 가기 전에 다혜 치과를 갔었거든요, 가족하고. "갔다 와서 마저 충치치료 하자" 그래서 다혜 치과에 내가 전화해 갖고 팩스로 받은 게 있어요. 금니를 내가 두 개는 씌우고 여덟 개를 금니를 박은 게 있어요, 때운 게 네 개, 네 개 해서 여덟 개. 그러니까 거기 애들 검시관들도 저를 다 아는 거예요. 거기 있는 사람들은 저를 다 알았어요. 그러니까 여덟 개 나오는 아이는 다혜에요. 그 사람들은 이빨에 대해서도 관심이 많았었고, 그런데 검시관이 여섯 개였었다고 그러더라고요, 처음에 그 나온 아이가. 그런데 우리 ○○이가 딱 봤을 때 그건 지 동생이었대요. 옷에 우리 ○○이가 실로 꼬아서 해줬거든요, 그것도 있더래요. 핸드폰은 주머니에서 나왔는데 이미 망가져 있었고. 근데 그냥 봤는데 지 동생이더래요. 그래서 "검사를 해서 보여달라"고 그러니까 보여주지는 않는데 이빨이 여섯 개라고 이야기하더라고요, 다시 한번만 확인해 달라고 우리 ○○이가 이야기를 하니까. 그때는 그 사람들하고 그냥 해줬었어요. 맨날 제가 거기에서 있었으니까, 다른 부모보다. 저는 그 당시에 자고 있었고, 우리 ○○이가 그러니까 다시 한번 확인해 준 거예요, 8개.

그래도 못 믿는 거예요. 다시 검시관한테 우리 제부하고 ○○이가 다시 한번 확인하러 들어갔대. 그런데 우리 ○○이가 거기서 쓰러지더래요, 제부가 이야기를 하더라고 거기서 ○○이가 쓰러지더라고. 암만 강단이 있는 ○○이도 제 동생을 찾고 나서는 쓰러지더래는 거예요. 그 아침에 일어났는데 남편도 와 있고, 그래서 남편이 "다혜 찾았다"고 이야기를 하고. 그 30분이요, 어떻게 시간을 표현할지를 모르겠어요, 얼마나 길었는지 몰라요(침묵). 뉘어놓은 아이를 봤는데, 이렇게 뉘어놨더라고요. 머리를 이렇게 봐도, 그냥 쳐다봐도 제 딸이에요. 회색 티를 입은 어깨를 봐도 그냥 제 딸이더라고요(침묵). 내가 울고불고 난리 치니까 그냥 저를 끌고 나가더라고요. 아이를 수의로 싸갖고 헬기를 타고, 그때는 이미 제 딸인지 다 검사도 했잖아요, 구강 검사도. 다혜라고 그때는 다 확정이 된 거예요, 30분 되니까.

헬기를 타고 안산으로 다혜를 데리고 와서 장례를 치르고 오는 과정에서 은화 엄마한테 "미안하다"고. 저는 제가 마지막이 될까 봐 엄마들, 마지막에 있는 엄마들한테 "아이 찾으면 다시 와" 저는 그러고 다녔어요. 내가 그 마지막이 될까 봐 그랬는데 저는 찾은 거예요, 이제는요, 제 딸을. 우리 딸은 약속을 지켰잖아요, 그죠? 내가 그 바지선에서 '엄마가 손이 이렇게 되면 네가 "엄마 손 아파" 하니까 네가 안 오면 엄마가 계속 와서 할 거니까 너는 와야 돼' 그랬으니 우리 딸은 약속을 지켰잖아요, 엄마한테 왔잖아요. 그런데 은화 엄마한테 너무 미안했었어요, 거기 남아 계시는 분들한테.

그래 갖고 다혜 데리고 와서 장례를 치르고 와서는 제 가정이 온전하지 않았어요. 아무것도 안 보였었어요, 아빠도 안 보이고 딸도 안 보였었어요. 그때는 아무것도 안 보이고 과연 내가 어떻게 살아갈까, 그 살아야 되는 희망도 없었어. 아빠가 뭐라고 하면 그거 갖고 꼬리 꼬리를 대서 아빠하고 싸우는 거죠. 맨날 싸웠어요, 진짜로. 맨날 그러니까는 "헤어지자"고 그러시더라고요, 나한테. "그래 헤어지자" 고, 내가 그래서 헤어질라고도 그랬었어요. 그런데 그날도 또 싸웠었어요, "헤어지자" 그래놓고. 아이를 찾아갖고 와서 아이를 서호[추모공원에] 데려다 놓고 나니까 아무것도 제가 할 수 있는 게 없잖아요. 아이만 없는 거잖아, 그 집에 앉아 있는데 아이 거는 다 있는데 아이만 없는 거예요. 아무도 눈에 안 들어오는 거야. 그러니까 아빠가 뭐라고 하면 그 말꼬리가 돼갖고 아빠를 긁는 거예요. 제가 계속 후벼파고, 파고 "네가 무능해서 너 때문에, 네가 무능하지 않고 네가 능력 있는 남자였으면 내가 여기 살았겠어? 내가 단원고를 보냈겠어?" 이런 식인 거예요, 저는. "니가 무능하잖아. 그래서 내 새끼 죽였잖아". 이게 다 모든 게 아빠한테 가는 거였었어요, 맨날 싸웠어요.

그날도 아침에도 싸웠어요. 아침에 큰딸이 학교에 가야 되는데 또 싸웠어요, 아침에. 그랬더니 지금 생각하면 아빠가 "미안해, 미안해"만 그랬어도 내가 안 그랬을 텐데… 아빠도, 그분도 나한테 그러더라고요, 같이. 그래서 아침에 또 싸웠어요. 그러니까 큰딸이 울면서 나가더라고요. 그날 저녁에 같은 반 엄마를 만나서 밥을 먹고 이야기를 하고, 12시가 되었는데도 큰딸이 안 들어오는 거예요. 이미 통화할 때는 "집에 있다"고 이야기를 했는데, 집 근처라고 이야기도 했고. 그렇게 이야기했는데 집에 가니까 없고. 그래서 제가 나와서 놀이터에서 한 한 시간을, 전화도 안 받고 놀이터에서 있었어요, 큰딸을 기다리면서. 한 시간 좀 더 기다렸을 거 같애, 놀이터에서. 그왜 놀이터 미끄럼틀이 있잖아요. 가운데 이렇게 되고 미끄럼틀, 거기에서 여자아이가 나오는 거예요. 제가 거기서 한 시간을 넘게 앉아 있었는데, 그 여자아이가 한 시간을 넘게 거기서 울고 있었던 거예요. 그게 내 딸이더라고요, ○○이더라고요(한숨). '내가 여기서 망가지면 쟤도 이렇겠구나' 그랬어요. '아, 이제 그러지 말아야지, 이건 다혜가 바라는 게 아니야'. 그래서 딸한테 "미안하다" 그러고 아빠하고 다음부터 안 싸웠어요, 아빠한테도 그러지도 않고. 그때부터 일어나면 분향소로 오게 해갖고 분향소에서 같이 엄마들하고 활동도 하고, 같이하게 된 거예요.

저도 어느 초기까지는 [유가족들과 활동을] 다 했어요. 그렇게 했는데 그리고 아빠가 항암 치료가 끝나서 그때 삼성병원에 검사하러 가는데, 다혜 그러고 나서 가을쯤 됐을 거예요. 이미 암이 온몸에 번진 거예요. 폐로 전이가 다 됐었어요. 그래서 제가 부랴부랴 영월로 가게 된 거예요. 영월에서 가면서 활동도 못 하고. 여기 있을 때는 그나마 엄마들하고 있으면 위안을 삼고, 엄마들하고 있으면 이야기를 하고. 같이 아픔이 있으니까 이게 공감이 되잖아요, 그래도 덜 아프잖아요. 우리는 지금도 엄마들하고 있으면 안 아파. 그렇게 덜 아파요, 같이 있으면. 그런데 저는 혼자 있어야 되잖아요. 영월에서 아픈 신랑을 데리고 맨날 산에 올라갔어요. 여름에는 4시 반이면 날이 밝더라고요, 가을, 여름 초에는. 올라가서 맨날 보고 그러니까 일을 해가면서, 옥수수 땅 파면서, 옥수수 심어가면서 그렇게 울면서 그렇게 견디었어요. 그러고 나서 아빠가 아파서 세상을 떴고 지금은 그냥 딸하고 그러고 있어요, 서로 눈치만 보면서, 아플까 봐.

저는 부모잖아요. ○○이 엄마도 되고, 다혜 엄마도 되고. 물론 ○○이가 자기 동생은 맞아요, 그렇죠? 그런데 스물다섯, 여섯 [살]에 너무 많은 걸 겪은 아이예요. 그 많은 부모들도 그 많은 아이들을 다 보지는 않았을 거예요. 그런데 ○○이는 그 아이들을 다 봤어요, 하나하나. 그게 너무 아픈 거죠, 저는. 그 26살짜리 애가 그 많은 걸 겪고 한다는 게 너무 가슴이 아프고. 얼마 전에는 이런 이야기를 하더라고요, 큰딸이. "엄마, 나는 행복할 일이 없을 것 같아" 이랬어요. "아니야, 그렇지 않아. 네가 결혼을 해서 아이를 낳고 그러면은 아이를 보면은 행복할 거야. 엄마는 그렇게 생각을 해. 그리고 엄마는 네가 행복하게 살기를 원해" 그랬더니 "엄마, 그렇지 않을 거 같아" 얘기했을 때 가슴이 많이 아팠어요. "그러면 안 된다"고도 이야기를 했고, 제가 아까도 이야기했지만 "친구들을 많이 만나라"고 이야기를 해요. 그 순간 친구들하고 이야기할 때 그러면은 잠시나마 동생에 대한 거 잊고 떠들고 웃고 그럴 거 아니에요. 그래서 "많이 만나라"

고 이야기를 해요, 저는(침묵).

면담자   어머님 너무 힘드실 것 같은데, 그러면 오늘은 여기까지 하고 다음에 또 이어서 해도 괜찮을까요?

다혜 엄마   저는 다 빨리하는 게 더 나은데, 어디까지 물어보실 건데요?

면담자   어머님 활동에 대해서 여쭤볼 거고요. 그리고 시간이 벌써 3년 가까이 되어가는데, 그 이후에 어떻게 생각이 바뀌셨는지도 듣겠습니다.

다혜 엄마   그럼 그러세요. 수고하셨어요.

면담자   네, 감사합니다.

2회차

2017년 3월 6일

1
시작 인사말

면담자　　본 구술증언은 4·16 사건에 대한 참여자들의 경험과 기억을 기록으로 남김으로써 이후 진상 규명 및 역사 기술에 기여하고자 합니다. 지금부터 김인숙 씨의 증언을 시작하겠습니다. 오늘은 2017년 3월 6일이며, 장소는 안산시 단원구 세승빌라입니다. 면담자는 박여리이며, 촬영자는 김솔입니다.

2
최근 참여한 활동, 다혜 생일 파티

면담자　　오늘은 유가족 활동에 참여하셨던 것들부터 여쭤보려고 하는데요. 저번에 '이웃'에서 생일 파티 하셨던 거, (다혜 엄마 : 다혜?) 자료를 찾아봤는데 동영상 이런 건 없어서요.

다혜 엄마　　왜? 다 있죠. 엄청 있죠.

면담자　　홈페이지에는 없던데, 공개가 안 되어 있나요?

다혜 엄마　　공개가 안 되어 있죠, '이웃'에 가서 달라고 그러면 주지. 공개는 안 했지. 저한테 전화하겠죠, 국장님이, 대표님이. 그러면 제가 주라 그러면 줬을 텐데. 아빠도 다 같이 있었고. (면담자 : 많이들 오셨어요?) 엄청 많이 왔죠. 그때는 1학년 때 담임선생님서부터 다 와주셨었으니까.

면담자　　　어떻게 하시게 된 거예요?

다혜 엄마　　처음에 "다혜가 1월생이니까 1살 늦다"고 했잖아요. 그래서 다른 생일 애들이 생일잔치를 계속했어요. 그런데 나도 하고 싶지. 그래서 한 아이가 생일잔치를 해서 물어봤어, 내가. 우리 반이 이미 몇 명이 했었어요, 내가 물어봐 갖고 찾아갔어요. 나도 "우리 다혜 생일잔치 하고 싶다"고 했더니 ['이웃'] 대표님이 너무 좋아하시고 그래서 생일을 하게 됐었어요.

면담자　　　준비는 어떻게 하셨어요?

다혜 엄마　　준비는 저는 다혜 거 있던 것만 줬죠. 거기서 생일을 모든 거, 그것도 협찬받더라고요, 각지 어디에서. 그때는 일산인가에서 [여러] 분들이 와서 해주신 것 같아요. 나희덕 시인님이 시 써주시고, '고양이'['나의 고양이, 다윤에게'] 시 써주셨어요. 많은 분들이 와서 축하해 주셨어요. 한 번은 아빠 있을 때 생일잔치를 했고, 두 번째는 아빠 없이 생일잔치 또 했어요, 저번에는. 지금 2월 달이죠? 3월 달이구나. 1월 9일이 다혜 생일인데 엄마하고 친구 반 엄마들하고 같이 한 다섯 명이서 음식 해가지고 와갖고 추모공원에서 그냥 엄마들하고 했어요.

면담자　　　생일잔치 할 때 어떤 느낌이시던가요?

다혜 엄마　　목이 멨죠. 목이 멨고 아이 없는 생일잔치를 한다는 거는 상상도 해본 적 없죠. 목이 멨는데 그래도 내가 그랬잖아요, 처음에도. "내 아이에 대한 게 뭔가가 기록이 남기고 싶어서 했다"고. 잘

했던 거 같아요. 그거 안 하신 분들도 참 많았거든요, 그거를? 저는 생일잔치를 하고 나서 우리 반 엄마들한테 "하는 게 나을 거 같다" 그래서 막 강요해서 수진이 엄마가 했어요, 오늘 수진이 생일이거든요. 수진이 엄마가 작년에 했어요. 막 내가 강요해서 "해라, 해라" 그래 갖고 했는데, "언니, 너무 고맙다"고. 수진이 생일은 제가 세 번 다 찾아갔어요. 오늘 세 번째 맞는 생일인데, 세 번 다 갔지, 내가. 다혜 짝꿍이잖아요. 생일잔치 올라가지는 못했어, 오늘은 내가 밑에서 일처리 하느라고. 근데 잘했던 거 같아요. 지금 가끔가다 제가 보지는 않아요, 지금 영상은. 그래도 한 번씩 아빠 모습도 볼 수 있고 그래서 좋은 거 같아요. 여기저기 모습이 있잖아요, 한 번도 열어보지는 못했어요. 무섭고 어떻게 될 거 같고 겁이 나서 못 열어봤어요, 아직은.

면담자   두 번째 생일잔치 때는 누구랑 가셨나요?

다혜 엄마   반이 있잖아요, 우리 반들도 [그중에] 마음이 맞으신 분들이 있어요, 다 성향이 틀리시니까[다르니까]. 시간도 지나갔잖아요, 또 같이 다녀 어울리시기 편하신 분들끼리 다섯 명이 어울려서 같이 강원도도 가고 같이 밥도 먹고 그렇게 있으면 편해요, 혼자 있는 것보다 덜 우울하지. 혼자 있으면 많이 우울한데 같이 있으면 그렇게 돼서 그런 분들이 다섯 명이 있어요, 같이. 엄마들 다 그래요, 같이 그럴 거 같아.

2014년에 참여한 활동들

면담자　　다혜를 보내고 나서 처음에 참여하신 활동이 어떤 거
예요?

다혜 엄마　　그때 처음에는 저는 도보했잖아요, 버스로 도보했었
고 엄마들 릴레이식으로 해갖고, 또 우리가 여기서 걸어갔잖아, 광화
문? 아니야, 국회까지 걸어갔었나? 그때 우리 걸어간 거 두 번 다 걷
고, 아빠가 아프기 전까지는 했죠. 저도 국회의사당에서 맨날 자고
담 넘다 걸리고, 또 제가 담을 넘었어요, 이 뚱뚱한 사람이요. 막 도
망가고 그런 적이 있었어요. 거기서 맨날 잤었어, 진짜. 지금은 많이
빠진 거예요. 붓기[부기]가 엄청 쪘었어요, 길바닥에서 잔다는 게 아
침에 일어나면 팅팅 부어 있었고 그랬던 것 같아요.

면담자　　도보 행진은 어떻게 참여하시게 된 거예요?

다혜 엄마　　아, 그거는 당연히, 처음에는 엄마들이 장례 이후에 쭉
[참여가] 당연한 거였어, 아침밥 먹고 아침에 눈만 뜨면 분향소 와야
되는 거고. 날이 밝아요. 앉아서 기다렸다가 날이 밝으면 분향소 와
있었어요, 처음에는. 그리고 버스로 도보했었잖아요. 그것도 우리가
대전서부터 천안 거쳐서 수원에서 인계를 했던 게 그 남은 타자한테
가면서도 했었고. 또 걸어갈 때가 많이, 여기서 [참사 100일째] 안산에
서 국회까지도 걸어갔었나 그랬잖아요, 그때 마음이 많이 아팠었어.
시민들이 막 그러고, 어르신분들이 "나라 말아먹는다"고 그랬었을 때

참 가슴 아팠어요, 엄마들은. 대응하는 엄마들도 있었는데, 나는 지금 같으면 그래요, 그 사람들한테. 그 사람들은 자식을 안 잃어봤잖아요. 그러니까 '그 마음이 아플 거다'는 생각을 할 뿐이지 어떻게 아픈 건지를 모르잖아요. 제가 저번에도 그랬잖아요, 그거는 아파보지 않으면 모른다고. 그러니까 지금은 이해해 달라고 안 해요, 그 사람들이 자식을 안 잃어봤으니까. 근데 같은 자식 키우는 사람이잖아요, 아프잖아요. 그러니까 '아플 것이다'라고 생각하시면, 아프다고 이해를 해주셨으면 좋겠어. '얼마나 아플까?' 내 자식이 조금만 다쳐도 엄청 아프잖아요, 그렇죠? 아프잖아요, 그러니까 그렇게 안 그러셨으면 좋겠어요. 할머니들이 어쩌구저쩌구, "나라 팔아먹는, 나라 망해먹는" 이렇게 이야기를 했을 때 그때 가슴이 많이 아팠어요.

면담자　　　도보하실 때 어떤 생각이 드셨어요?

다혜 엄마　　그때는 그랬었던 거 같아, 내 아이가 왜 죽었는지, 살릴 수 있는 시간이 너무 많은데 왜 못 구했는지 그거 알고 싶은 거 그거 하나였던 거 같아요, 단지. 부모니까 알아야 되잖아요, 지금도 마찬가지고. 지금도 그 마음은 마찬가진데, 모든 엄마들이 왜 아이들을 죽으라 했는지…. 그때 뉴스에서도 가끔 한 번씩 나오더라고요, 국회의사당에서 있을 때 그때 박근혜가 왔었어. 무슨 행사를 했었어요, 국회의사당에서. 우리 엄마들이 아이들의 사진을 갖고 쫙 있었는데 그 많은 사람들이 거기 국회의원이 들어가면서 눈길을 한 번 안 주더라고요, 많으신 분들이, 그 위치에 계신 분들이. 그래서 제가 소리쳤던 거 같아. "아이들한테 미안하지 않냐. 미안하다는 말 한마디 하고 들어가는 게 뭐 저기 하냐, 미안하다고 하라고!" 그런데 마지막으로 박근혜가 들어가더라고요(웃음). 근데 안 쳐다보더라고, 안 쳐다보고 그분도. 어쩌다 한 번씩 그렇게 뉴스가 나오더라고요, 뉴스에 한 번. 그런 적도 있었어, 내가 그렇게 소리를 쳤더니 한번은 "아이들한테 미안하다는 말 한 마디만 하라"고. "미안하지도 않냐!"고 그래도 안 쳐다보고 가더라고요, 그 사람들. 그러니까 지금도 똑같은 마음이에요, 왜 내 아이가 죽었는지는 알아야 될 거 아니에요.

면담자　　7월 12일부터 119일간 4·16특별법[4·16 세월호 참사 진상규명 및 안전사회 건설 등을 위한 특별법] 제정 촉구 단식 농성이 국회 본청에서 있었는데 특별히 기억나는 일화가 있으신가요?

다혜 엄마　　끝날 때까지 했죠, 국회는. 못 들어가게 해갖고 화장실도 안 열어줬어요, 국회의사당에서. 우리 다른 거는, 안 씻어도 괜찮은데 화장실은 보내줘야 될 거 아니야. (면담자 : 잠가뒀어요?) 잠궈, 못 가게 했지. 나중에는 항의해서 열어주기는 했는데 국회의사당에서 회전문이 있잖아요, 그때 누가 와갖고 거기서 뭐를 했을 거예요, 잘 기억은 안 나는데 우리가 거기를 들어가려고, 거기에 통과가 안 됐을 거 같아. 통과가 안 됐으니까 우리가 화가 나니까 국회의사당으로 들어가려고 그랬을 거 아니에요. 엄마들이 밀고 들어가니까 전경들이 엄마들을 어떻게 못 할 거 아니에요. 그러니까 "잠깐만요. 네, 들어가게 해드리겠습니다. 잠깐만요" 그러더라고요. 그러더니 엄마들이 물러서니까 여경들이 쫙 깔리는 거예요. 그것도 거짓말인 거잖아. "요구 들어주겠습니다. 잠깐만, 잠깐만" 그래 놓고 우리가 한 발하[물러세]니까 여경들을 쫙 깔아놓는 거예요. 그 순간순간 그렇게 거짓말을 하는지.

어떤 엄마가 여경들 머리를 다 쥐어뜯어 놨어, 머리를 막 잡은 거예요. 근데 나는 그러고 싶지는, 나는 못 그랬어. 그 집도, 그 사람도 한 집의 딸이잖아, 그래서 그러지는 난 못 했어요. 어떻게 하다가 (왼쪽 볼을 가리키며) 제가 여기를 맞았어요, 그 사람들이 툭 치는 바람에 의경들한테 맞았고 여기가 찢어진 적이 있었어요, 한 번 그런 적은 있었던 것 같아요. 끝날 때까지는 내가 국회의사당에 맨날 바닥에[서] 자서 일어나면 여기에 비둘기 똥이 이만큼, 비둘기 똥이 온몸에 있었던 거 같아요, 그때(웃음). 또 지금 그랬던 거는 우리 거기서 밥을 먹고 했잖아요. 그래서 미안했던 거는 청소하시는 어른들한테 미안했었어요, 제가 개인적으로는. 우리가 정리·정돈을 잘해야 되는데 그 사람들이 맨날 치워주니까 고맙고 그랬던 거 같아요.

면담자   평소에는 경험하기 어려운 실랑이를 하면서 무슨 생각이 드셨어요?

다혜 엄마   경험할 수가 없는 거죠. 맨날 거짓말을 하니까, 개네들이. 우리는 오로지 '진상 규명' 그거죠. 국회의원들이 나와서 이야기하고 들어보고 그런 거 하면 순 거짓말이었으니까. 지금도 마찬가지예요, 저는 그 사람들 믿지 않아요. 나 옛날에, 그 전에는 다 믿었지, '9시 뉴스'가 [보도하면] "아, 그렇구나" 그랬는데 그거는 쇼에 불과하다는 거 알았어요. 다혜 때문에 많이 알았던 거 같아, 정치에 대해서도 좀 알았던 거 같고. 그런 데에 관심이 없었어요, 전혀. 드라마나 좋아했고 그런데 지금은 그렇지 않아요. 보지 않아도 귀가 그쪽으로 가고, 특검에 대해서도 그쪽으로 가고, 잘 몰라도 자꾸만 그쪽으로 귀가 가더라고.

면담자   1주기 때 광화문에도 계셨나요?

다혜 엄마   네, 광화문에 그 전에 데모 많이 했었잖아요, 차에도 올라가고(한숨). 그때도 데모하다가 비가 엄청 왔어요. 물이 차는데 광화문 가운데다 놓고 걔네들이, 그 전경들이 앉아 있는데 그 광화문에 새벽까지 물속에 앉아 있던 적도 있었어요. 어떤 시민이 따뜻한 물도 주신 적이 있었던 거 같아요. 아침 새벽에 비 맞고 아침 새벽에 안산 오고, 그 차벽에 올라가서 수류탄[최루] 가스 맡아보고 울고불고 난리였었던 것 같고, 그런 적이 있었던 거 같아. 갇혀서 그 안에서 자고, 거기까지는 내가 한 거 같아요. 그때 광화문 정문 쪽에 엄마들이 많이 갇혀 있었잖아요, "청와대 들어간다"고 거기서 자고 그랬던 거 같아.

면담자   전경버스로 막아놓고 그랬었죠?

다혜 엄마   그래서 못 들어가게 해갖고. 우리가 안산에서 못 올라 오게 하는 거야, 버스가. 이미 엄마들이 있을 땐데 안산에 있는 사람이 올라가야 할 거 아니에요, 그러면 못 올라오게 하는 거야. 관광버스[가] 못 오는 거야, 광화문에. 그러면 마포에서 내리든가 각자 내려요, 다. 그래 갖고 지하철로 가시는 분들은 지하철로 가고, 나는 우리 반 몇 명 엄마하고 택시를 탔어요. 택시 타고 광화문 있죠, 정면에 가서 내렸어. 그때 전경이 문을 딱 막는 거예요, 다 포위가 됐으니까 들어갈 수가 없는 거야. 광화문 직진이잖아요, 그래서 여기서 [떨어져서] 내렸어, 내가 "여기 세워달라"고 택시 아저씨한테. 그랬더니 전경이 못 내리게 하는 거야. 그렇게 하고 그냥 내렸어요, 차를 내리니까 문을 막더라고. 내가 내리니까 우리 반 엄마가 딱 보고 쫓아 내려와, 전경들이 있는데 쫓아 내려와 갖고 나를 끄집어내느라고. 만약에 거기서 딱 밀었으면 제가 여기 버스 다니는 데로 탁 밀려가는 건데, 그렇게까지 시위한 적도 있었고.

비닐 속에 들어가 가지고 아픈 적도 있고. 하얀 비닐 속에 들어가, 비 오니까. 그래서 몸이 참 많이 망가져 있었던 거 같아. 지금도 많이 아파요, 온몸이 다 비만 오면 아프고 뭐 해도 아프고 정신도 없고. 오늘 [구술 장소로 오면서] 사고도 그렇게 해서 난 거 같아. "순간적으로 형광등이 꺼진다"고 했잖아요. 제가 그러거든요, 운전하면서도요. 그런데 못 봤어요, 오늘도. 우회전해야 되는데 [깜박이를] 켠 건지 안 켰는지도 몰랐어. 깜박이를 켜야 되는데, 켜봤는지 안 켰는지도 몰라. 나는 차가 '퍽' 소리가 나서 '내 차, 내가 박았구나' 이랬는데 그 사람이 박은 건지 내가 박은 건지도 모르는, 그 순간에 내가 몽롱한 상태였으니까. 그런데 사고 보니까 그 사람이 박은 거 같아. 근데 저는 제가 박았는 줄 알았어요, 저는 그 순간 막 깜박깜박하니까. 그래서 좀 미안하지, 엄마들한테, 아버님들한테, 활동하시는 분들한테 미안하죠. 저는 제 남편 땜에 아파서 영월 들어갔었고 거기서 있다 보니까 1년[이 지나갔고], 남편을 잃고 다시 지금 영월에서 생활을 해야 되니까 중간에 가서 내가 들어가려니까 어설픈 거예요, 뭘 해야 될지도 모르겠고. 제가 할 수 있는 건 광화문밖에 가는 게 없더라고, 그러니까 광화문 가. 요새 광화문 가는 거 그 외에는 그렇게 활동하는 게 없어요. 며칠 있다 동거차도 들어가요, 9일 날. 거기 가면 또 힘들어요.

4
단원고 교실 존치 및 시민 단체에 대한 생각

면담자   그리고 교실 존치 투쟁이 이어졌는데요. 그때 직접 참여하시지는 못하셨더라도 교실 존치 관련해 알고는 계셨죠? (다혜 엄마 : 그렇죠) 그때 무슨 생각이 드셨었어요?

다혜 엄마   제 생각에는, 이건 제 생각이에요. 물론 학부모들이 싫겠지, 그죠? 반대 입장에서 생각을 했을 때, '그거는 저희 아이들 문제지, 신학기 부모님 입장은 아니라'고 생각을 해요. 근데 내 입장에서 생각을 하니까 우리는 교실을 지키려고 한 거고, 새로 학부모들은 [반대하는 게] 당연한 거예요. 그런데 '입장 바꿔서'라는 말이 있잖아요, 우리나라에. '내 아이가 아니고 당신 아이가 그랬었다면 당신이 그렇게 하겠냐'는 거죠, 저는. 그 당시 제 심정은 학교를 없애기를 원했어요, 저는. (면담자 : 단원고를?) 응, 없어지기를 원했어요. 저는 팽목에서 저희 아이가[를] 늦게 찾고 "단원고 후원금 들어온 거 단원고에 기부한다" 이런 게 팽목에 있는데 들리는 거예요. 그래서 그 당시 반 대표가 누군지도 모르는데 내가 수소문해 갖고 반 대표, 우리 반 대표의 부모님한테 전화를 했어요. 내가 일방적으로 "뭔 소리 하시는 거냐, 왜 기부를 하느냐"고, "단원고는 불 싸질러야 된다고 생각한다"
고 저는 그렇게 이야기를 했어요. 그거는 말도 [안 되죠], 뭔 단원고에
기부를 하고. 그건 아니라고 생각해요, 개인적으로. 그래서 내가 그
당시에 ☆☆이 엄마인 거 같았었는데 욕을 했었어요. "왜 너네 입장
이[만 생각하냐, 아이들이 다 올라갈 때까지는 아무것도 결정을 하면
안 된다"고 "우리 아이들을 다 찾아가서 올라갈 때까지는 아무것도
너네 하지 마라"고, "그게 같은 부모의 입장"이라고 내가 그랬어. 그
때 나는 내 아이를 못 찾았으니까. 그러면서 한 시간가량 부모한테
얘기를 한 거 같아. 그 부모는 다 들어주셨어요, 그때. 당시는 먼저
짜증 났으니까 정확히 어느 부모인지는 잘 모르겠어.

나는 지금도 그래요, [단원고] 없었으면 좋겠어. 졸업? 다 필요 없
어. 개인적으로 나는 단원고가 없어지기를 원해요. 내가 어느 부모
한테 그런 적도 있어, "나는 단원고가 없어지기를 원한다. 왜 내 아
이만 없냐, 그 교실에". 제가 어느 날 단원고를 갔는데, 정신을 잃고
쳐다보고 있는데 거기서 제 아이를 찾고 있더라고요. 내 아이를, 다
혜를 찾고 있는데 다혜는 없잖아요, 학교에 무슨 일이 있어서 갔는
데. 그러니까 지금도 똑같은 생각이에요. 저는 단원고가 없어지기를
원해요. 제가 만약에 정신이 어떻게 된다면 나는 단원고를 불 싸지
를 거예요. 지금도 마찬가지 그 마음은 변하지 않아.

교실 뺏기는 거? 그거는 저희 잘못이에요, 저희 유가족 잘못이라
고 생각해. 한 번은 당했잖아요. 그럼 두 번 당하지 말고 대처를 했
어야지, 먼저. 근데 나는 내가 참여를 안 하고 거기를 안 했으니까
뭐가 옳은지를 잘 모르는 거라서 말을 못 하는 것뿐이에요, 나는 교

실을 그렇게 된 거에 대해서. 지금 여기 교실을 지킨다고요? 전 가긴 가요. 근데 그게 뭔 의미 있을까요, 뺏기지 말았어야지. 교육청도 문제지만, 뺏기지 말았어야지.

그러고 또 하나, 저 개인 생각이에요. 우리 아이들 추모? 저는 '단원고여야 된다'고 생각하는 사람이에요. '단원고를 다 없애고 우리 아이들을 거기다 추모를 해야 된다'고 생각하는 사람이에요, 개인적으로. 그런데 우리 부모들이 너무 모자라서, 몰라서, 처음에 우리 아이들을 찾았을 때 저희 다혜 아빠가 그러더라고, "장례를 치르지 말라"고, "아이들을 찾은 것만 확인하라"고. 우리 다혜 아빠가 그 병중에도 그랬었어요. "아이들을 절대 장례를 치르면 안 된다. 우리는 힘이 없으니까 장례를 치르지 말고 아이들을 그냥 찾은 거 확인하고 내버려 두라"고 그랬었어요. 그런데 부모님은 그게 아니잖아요, 그죠? 그것도 이해하고. 이것도 다 맞는 말이야. 아이들 그 차가운 데[서] 찾았으니까 또 냉동 [시신보관소] 거기에 넣고 싶지 않겠지, 부모 된 입장으로서는. 그런데 지금 우리가 지금 이 상황에서 [진상규명이] 아무것도 되지 않고 있잖아요. 만약에 진짜 다혜 아빠 말대로 우리 애들을 [장례를 연기]했다면 인양은 벌써 됐을 거고, 그죠? 뭐든지 다 순리대로 다 됐을 거예요. 근데 그것도 우리가 놓쳤잖아요, 교실도 뺏겼잖아. 그러면 그거 놓쳤으면 교실을 안 뺏겨야지, 학교 전체를 우리가 다 지켰어야죠. 우리는 그것도 놓쳤어요. 다 이렇게 저렇게 다 놓친 거예요. 시민연대? 저는 믿지 않습니다, 물론 부모가 모자라서 제가 몰라서일 수도 있겠지만.

전에 이런 이야기를 한 적이 있었어요. 다혜 아빠가 "우리는 거기하고 개입이 되면 안 돼" 저한테 그런 이야기를 하더라고요. "정치권하고도 개입이 되면 안 돼. 그냥 우리 힘으로만 싸워야 돼". 그런데 어느 날 시민연대가 개입되어 있고 다 개입이 되어 있는 거예요. 저는 그거에 대해서 몰랐었어요, 진짜로. 우리 다혜 아빠가 "그러면 안 돼. 우리는 국민의 힘으로 가야 돼" 나한테 누워서 그러더라고요. 텔레비전 보면서 "왜 저렇게 정치[권]에 있는 사람들하고 만나서 저러냐?"고 그런 이야기를 하시더라고요. 근데 그거를 못 알아들었어요, 처음에는. "그 사람들이 힘이 있고, 그 사람들이 더 우리보다 많이 알고, 그 사람들이 [권력] 그런 게 있으면, 같이 손을 잡고 가야지 우리 아이들에 대해서 왜 죽었는지 그거를 알 거 아냐?" 그랬더니 "그러면 안 돼" 그런 이야기를 했는데, 지금 생각을 해보니까 그 말이 맞는 거 같아요.

제가 물론 참여도 할 수 있어요. 뒤늦게 와도 제 아이 일인데 왜 다 안 하겠어요. [그런데] 그러고 싶지 않아요. 저는 이제는 그러고 싶지 않아요. 내가 몸도 물론 아프지만 같이 다니면서 데모하고 그런 거 하고 싶지 않아요. 물론 내 아이가 죽은 거에 대해서 알고 싶은 거는 기정사실. 그런데 내가 느낀 거는, 우리 부모가 막 그런다고 절대 알[수 있]지 않아요, 진상 규명. 그렇게 된다고 "우리 부모가 그러면 [된다]" [그러면] 처음서부터 진상 규명 됐죠. 우리가 올라와서 별짓을 다 했잖아요, 부모들이. 근데 안 됐잖아요. 지금 몇 명, 부모님 3분의 1도 안 하죠, 지금 참여가. 그 전에는 전 부모가 다 했잖아, 시민들까지 합세해서 다 했잖아. 지금은 그렇지 않잖아요. 근데 뭐 어떻게 하겠어요.

그래서 안 하는 이유는, 여기서 처음 밝히는 건데, 그래서 안 하는 이유는 거기도 있고 또 남은 아이 때문에도 안 해요. 저도 제 자식이 죽었는데 부모가 왜 [아이가] 죽었는지는 알고 싶은 거 기정사실이잖아요, 저도 지금도 알고 싶어요. 그런데 내가 알고 싶다고 알아지는 것도 아니고. 지금 정치가 그렇잖아요. 그리고 남은 딸, 아빠도 잃고 어느 날 동생도 잃은 그 딸. 그 딸이 엄마가 눈에 있어야 돼요. 제가 광화문에 가면 불안해하고, 어디 가면 불안해해요. [큰딸이] 많이 불안해해요. [엄마가] 눈에 보여져야지, 차라리 영월 가 있으면은 딸이 안심이 되는데 여기 와서 광화문 돌아다니고 그러면은 일이 안 된대요. 그래서 그냥 딸이 원하는 대로….

그래도 동거차도는 왜 들어가는 거냐면, 그래도 부모니까. 부모니까 그것도 안 하면 안 될 것 같아서 동거차도 들어가는 거예요. 바다 보는 것도 너무 무섭더라고. 우리 아이들이 얼마나 무서웠겠어요. 그 퍼런 바다를 보는데요, 너무 무서웠어. (한숨을 쉬며) 배를 타고 가는데 이 아이들은 그 위에서…. 내가 군함을 타봤다고 그랬잖아요. 세월호하고 군함하고 비슷할 거예요, 높이가. 거기서 위에서 뛰어내릴 수 있는 여학생은 아무도 없을 거예요, 그죠? 내가 그거 군함을 타서 밑에서 쳐다봤을 때 '아, 우리 아이들이 구명조끼를 입어도 뛰어내리지는 않았을 거'라고 생각한다고. 너무 무서웠거든요. 나는 그 조그만 배를 타고 가는데 너무 무서운 거예요. 제가 40분 내내 울었어요, 무서워 갖고. 근데 그 아이들은 이미 겁을 먹은 아이였었잖아요, 그죠? 이 배가 넘어진다고 이미 겁을 먹은 아이들이, 과연 여자애들이 그걸 뛰어내릴 수 있었을까요? 학생들은 아무도 없었을 거라고. 밀려서 뛰어내린 아이들은 건졌을지 몰라도 그렇지는 않다고 생각을 해요, 저는. 그래서 '아, 동거차도는 내가 그래도 이거는 엄마니까 해야 되겠구나', 또 '열심히 활동하시는 분들도 있으니까 그래도 이거는 해야 되겠구나' 그래서 그거는 하고 있는 거예요.

면담자   그렇게 생각이 바뀌게 된 계기가 있으신가요?

다혜 엄마   네, 물론 아빠가 그렇게 이야기했을 때도, 아빠가 무슨 정책 전문가도 아니고 아무것도 모르잖아요. 그런데 가끔가다 그런 이야기를 했을 때도 "그래?" 그러고 말았는데 시간이 가서, 아빠도 물론 없지만 1년이나 2년이 시간 되니까, '아, 그랬으면 이 상황은 안 됐겠다' [싶어요]. 다혜 아빠가 말한 대로 만약에, 우리 아이들이 지금 아무도 장례를 안 치렀다면 어떻게 생각을 하세요? 우리가 원하는 대로 되었을 거예요. 아마 '단원고 달라' 그래도 줬을 걸요? 지금 우리가 "추모공원을 화랑유원지에 달라" 그러잖아요. [그렇지만] 안 주잖아, 당연히 안 주시겠죠. 근데 제종길 시의원은[안산 시장은] 밀어붙이지 않잖아요. 왜 안 밀어붙일까? 자기는 욕을 안 먹을라고, 우리한테 욕 먹으라는 거잖아요. 주실 거 같으세요? 안 줘요, 거기. 그러니까 저는 아무것도 안 믿는다는 거죠. 안산에서 일어난 일이잖아요. 어떻게 해서라도 줘야죠, 화랑유원지, 단원고는 못 줘도 화랑유원지는 줘야죠. 근데 안 주잖아요, 뒤로 한 발 물러서 있잖아요.

부모들이 욕먹고 있잖아요, 그 주위 사람들한테. 그러니까 무슨 말을 하겠어요. 광화문 가서 막 그렇게 한다고, 촛불시위는 하긴 해야죠, 탄핵은. 그래서 가요. 그런데 그 외에는 안 해. 저는 시민연대라는 것도 몰랐어요. 살면서 몰랐어, 그런 연대가 있는지도. 데모하면 '저거 데모하나 보다' 그렇게 알았지. 시민연대가 연결해 갖고, 그 사람들이 다 시민연대 껴 있잖아요, 나는 그런 것도 몰랐어. '사랑의 열매'나 그 외에는 몰랐었던 거 같아. 열심히 사느라고 그런 걸 몰랐던 거 같애. 그런데 아이를 잃으면서 무슨 단체, 무슨 단체 했잖아요. 시민연대도 별로 그렇게…. 나는 그래요, 맨날 그래. '쟤네들은 우리가 밥줄이지, 쟤네한테 우리가 걔네들 밥줄이지' 이런 생각밖에 안 들어요. 그러면 제가 과연 활동을 해야 되나 말아야 되나, 생각 안 드세요?

5
다혜와 남편의 유품

면담자 2주기 추모식 때 오셨나요?

다혜 엄마 네, 있었어요. 2주기 때도 있었어요.

면담자 1주기 때와 2주기 때 느낌이 좀 다르시던가요?

다혜 엄마 똑같죠, 부모는. 아까도 수진이 엄마하고 붙들고 울고 불고 했지만, 똑같아요, 부모는. 부모는 똑같아요, 1년이 지나도. 처음에는 아이를 잃고 장례를 치르고 와서 집에 있으면 못 누워 있었어요, 그 집에. 근데 그거는 없어졌어요. 그냥 아침에 눈을 뜨면 그 전에는 무서웠어요, 눈을 뜨면은. 잠도 못 잤지만 한두 시간 자고 아침에 눈 뜬다는 게 너무너무 무서웠거든요. 그런데 어르신들이 그래요,

시간이 약이라고. 그거는 조금 덜 해요, 조금. 그 전에는 다혜 방을 들어가서 맨날 울었는데 [이제는] 그러지는 않아요. 그냥 한 번씩 들어가서 다혜 방에 있는데 '[유품을] 어떻게 할까, 평생 가져가야 되나 말아야 되나' 요새는 그런 생각을 많이 해요. '다혜 방을 정리해야 된다'는 생각을 많이 해요, 요즘 들어서는.

면담자   왜 그런 생각이 드시게 되었어요?

다혜 엄마   제가 아빠 것도 정리를 못 했어(웃음). 어느 날 누구하고 이야기를, 그저께 어느 분하고 밥을 먹게 됐어요. 이야기 끝에 "다혜 아빠 신발이 너무 더러워서 있잖아요, 내가 구둣방에 가서 닦아다가 신발장에 넣어놨어" 내가 그랬더니 나보고 그 사람이 이렇게 쳐다봐요, 그 집 신랑이. 다혜 아빠가 간 지 1년이 넘었잖아요. 정신 나갔대는 거야, 내가 돌은[돈] 사람인 거예요, 있을 수가 없는 일[이라고]. 다혜 거는 당연히 있죠. 근데 아빠 것까지 그런다는 게 [사람들은] 이해가 안 가는 거예요. 죽은 사람, 없는 사람 신발을 구두가 더럽다고 그걸 구둣방에다, 그것도 내가 닦은 게 아니라 구둣방에 가서 닦아다가 내가 신발장에 넣어놨거든요, 그저께. 그 이야기를 자연스럽게 밥 먹으면서 했더니 "미쳤다"는 거죠, "그럼 안 된다"는 거죠. 나는 그거는 잘 모르겠어요.

　이런 이야기는 어른분들이 많이 하더라고요. 너무 울면 아이가 엄마를 쳐다보느라고 못 간대. "그만 울어" 이런 소리를 제가 들었거든요, 그 전에. 그랬는데 내가 너무 많이 그렇게 하니까 다혜 아빠가 그렇게 하지[못 떠나지] 않을까 하는 생각에. 아빠 것도 이제는 1년이 넘었으니까, 그분들이 그런 이야기를 하면서 제가 정신이 없어서 [저에게] "몰라도 너무 모른다"고 그러면서. [제가] 모르는 게 아니고요, 어느 날 갑자기 두 사람을 잃어보니까 '그거래도 남아 있어야 되지 않나' 하는 생각에 두 사람 거를 다 갖고 있는 거지, 없는 사람 거를 해서⋯. 아이도 크고 그래서 사람들이 우리 집에 오는 거를 내가 싫어해요, 물어볼까 봐. 유가족들은 같이 오면 상관이 없는데 다른 사람들이 오면 "이 사람은 누구야?" 남편은 당연히 그렇게 됐는데 다혜는 모르는 사람도 있잖아요. 그런데 물어볼까 봐 싫은 거예요, 가족사도 있고.

　'아빠 것도 정리하면서 다혜 것도 보내줘야 되지 않겠나' 그런 생각을 어제서부터 하고 있어서 지금 정신이 없는 거 같아요. '보내줘야 되지 않겠나' 하고. [다혜 것은] 신발서부터 다 갖고 있거든요. 초등학교 1학년 때 일기장서부터 시작해 가지고 [배에서] 찾은 그 음료수까지 갖고 있어요, 사실. 수학여행 갔으면[가서] 먹으려고 음료수 사간 거 있죠? 그것까지 제가 갖고 있다니까요, 다요. 그러니까 나보고 사람들은 나한테 "미쳤다"고 그러지, 그 사람은. [누가 저보고] 안 미쳤다고 그러겠어요? 다 갖고 있으니까. 그 사람들이 많은 이야기를 저한테 하더라고요. "그럼 안 된다" 그래서 정리 좀 하려고 그러고 있어요. 아빠 거는 쉬울 거⋯. 아빠 거는 하면서도 다혜 거는 못 할 거 같아요. 그런데 아빠 거는 하려구요, [다혜 아빠 유품 정리]하면서 [다혜 것도] 좀 해야 되겠죠. 또 ○○이가 결혼해서 오면 [사위가] '누구냐'고 물어볼 거 아니에요. 그러면 그거 설명하기도 그렇고, 그렇게 하고 싶은⋯⋯. 다 그냥 그대로 있어요, 그대로 다 있어요.

다혜 엄마 김인숙

6
간담회와 청문회 참여 경험

면담자   간담회도 참여하셨나요?

다혜 엄마   간담회 좀 다녀봤어요, 초창기 때. 간담회 다녀봤는데 더 힘들더라고요. 새로운 [경험이고] 그 팽목에 있었던 일을 이야기해야 된다는 게 너무 힘들더라고요, 처음에 이야기할 때, 지금도 힘들 듯이. 그래서 간담회 한 서너 번 다니고 제가 안 다녔어요. 너무 아파, 간담회만 갔다 오면 아픈 거예요. (면담자 : 몸이?) 예, 새로운 얘기, 아이를 찾는 얘기, 팽목 얘기를 다시 내가 꺼내야 되잖아, 그거를 다 생각해야 되잖아. 그러니까 갔다 오면 너무 몸이 아프고 지치고 그래서 간담회 좀 다니다가 제가 안 갔었어요.

면담자   몇 번이지만 그래도 간담회 하실 때 기억에 남는 일화가 있으세요?

다혜 엄마   소소한 데도 간담회가 참 많이 들어왔었거든요. 어머님들이 많이 간담회 많이 다니셨는데, 지난주인가? 제가 간담회를 한 번 가서, 목사님만 계신 간담회를 가서 예은이 엄마랑 둘이 갔는데, "나는 목사님들도 이해가 안 간다"고 내가 발언을 한 거 같아요. 그 목사님한테 "그래도 목사님이잖아요" 내가 그랬어. "목사님이잖아요. 그러면 목사님들이 다 일어나서 우리 아이들 [당]했던 거에 대해서 참여를 해야 되지 않겠냐"고 목사님한테 내가 막 그런 거 같아요. 그러면 안 되는데, 목사님한테 그랬던 거 같애. 그것도 생각이 나고.

[한번은] 부산에를 갔는데 엄마들이 많이 울더라고요, 제가 이야기할 때. 간담회 가서 엄마들이 너무 많이 우시는 거예요. 그리고 손잡아 주시고 그러는 거예요.

그리고 혁기라는, 드라마에 나왔을 때 옛날에 왕[으로 나온 배우의 아들] 혁기 알죠? 드라마 [출연한] 누구 아들 혁기. 이름이 혁기인데, 연예인인데 그 애기가 이름이 혁기야. 한참 많이 나왔었어요, 그 사람. 그 사이에 혁기가 한 6살인가 7살 때 죽었어, 그 연예인이에요. 간담회를 갔는데 그분 부부가 거기에 우리를 초청을 하신 거예요, 우리 [유]가족 몇 명 엄마들을. 그런데 그 혁기 엄마가, 아버님이 이름이 있으신 분인데 이름이 생각이 안 나는데, 이런 이야기를 하시더라고요, 간담회 갔는데. "우리를 초청을 할래도 정부 눈치를 봐서 못 했다"고, "내가 미안하다"고 그러시면서 "내가 엄마들을 초청을 해서 간담회도 하고 싶었는데 동료들이 말렸다"는 거예요. "그래서 이제 했고, 너무 미안하다"고 그러면서 조금 있으니까 그 와이프가 들어오는 거예요. 그런데 와이프가 우시는 거예요, 그 와이프[가] 심정을 이야기를 하는데 그 심정이 전 거예요. 당신이 아이 6살 때 잃었을 때 그 이야기를 저한테 하는 거예요. 그런데 똑같은 거야, 제 마음하고. 그 아이 잃은 그분이, 와이프가 [저를] 끌어안으시면서 그분은 다시 애기를 낳고 지금은 잘 살고 드라마는 가끔 나오시던데, 그 와이프가 이야기를 하는데 상처 입은 이야기를 하더라고. 친정에 대한[대해서] 상처 입은 거, 가까이에서 상처 입은 그분이 얘기했는데, 지금 제가 그거를 겪고 있잖아요. 그분이 제일 많이 생각이 나요. 일산으로 갔었어요, 간담회를. 그분이 제일 많이 생각나는 것 같

아. 그러니까 자식 잃은 사람은 그 심정을 안다는 거지, 그러니까.

면담자   간담회에서 아이들을 잊어버리라는 말씀들도 좀 들으셨나요?

다혜 엄마   그렇죠. 하도 [제가] 뭐라고 하니까 그러지는 않는데, 우리 다혜 또래가 저희 친정에 한 3개월 차이가 나지만 네 명이 있어요, 시집까지 다섯 명 있어요. [시집과] 친정 식구까지 [다 해서] 다혜까지 그렇게 놀던 애들이 있어요. 거기는 웃잖아, 웃더라고요.

면담자   2015년 12월 14일에 YWCA 대회의실에서 [4·16]세월호 참사 특별조사위원회 1차 청문회가 있었어요. 그때 참관하셨나요?

다혜 엄마   처음에? 1차는 안 가고 2차 갔었던 거 같아요. 명동에서 했었을 때 갔었어.

면담자   그때 상황이 어땠나요?

다혜 엄마   과격했었어요, 거짓말하는 거였었거든요. 그때 내가 팽목에 있었는데 그 해수부 장관들이 많이 붙들려 있었잖아요, 엄마들한테. 그때 내가 그 앞에 있었는데 내가 진짜 증인이잖아요, [그런데] 거짓말 많이 하시더라고요.

면담자   어떤 거짓말을 많이 하던가요?

다혜 엄마   잘 생각이 안 나는데 거기서 이야기한 거하고는 [사실이] 아닌 거로 대답을 하는 거 같고, 그때 [무슨] 말을 했는데 "모른다"고 모르쇠로 나가고. 그때 엄마들이 [해경 관계자들을] 모아놓고서, 팽목에서 무전기로다가 "잠수해라", "뭐 해라" 이런 거 [지시할 때] 우리가 무전기를 뺏었었어요. 그때 엄마들이 모아놓고, 그 이름이 잘 기억이 안 나는데 아무튼 모셔놓고 "빨리 무전해라" 했던 제일 저기 하신[높으신] 분들, 그 사람들이 [청문회에] 나와서 이야기하는데 모르쇠로 나와. "모른다"고만 그러시더라고요. 감독관이 물어봐도 "아, 모른다"고 그랬을 때 참 그랬었어요. 엄마들이 [거기서] 싸우고 이야기하고. [청문회장에서] 한 아빠가 아이 마지막 모습 그거 한 번 보여준 적 있었잖아요. 그거 볼 때 참 그랬었어요. 저도 다혜 거 있거든요, 아직 못 뜯어봤어요, 다혜 책상에 그냥 그대로 있어요. 그런데 가끔 가다 다혜 책상 가보면 열어보고 싶어, 그걸 열어보고 싶은 거야. 그런데 [큰]딸하고 약속을 했어요, "절대 열어보지 않는다"고. 엄마 기절할까 봐, 쓰러질까 봐 못 열어보게 했는데 "엄마, '열어보지 않겠다'고 [약속해 주세요]" 그래서 아직은 못 열어본 거지. 엄마들이 [청문회에서] 그거 보여줄 때 많이 과격했었죠. 그랬던 거 같아요.

그리고 동생 가족보다, 가족은 부담스럽거든요. 아까 가족 이야기 했지만 가족은 부담스러워요, 쳐다보고 싶지 않아. 그냥 봐도 걔네들이 웃잖아, 그러면 나는 웃는 게 싫은 거야. 다른 사람이 웃으면 괜찮은데요, 내 가족이 웃으면 싫어요, 나는. 내가 초라해 보이고 '아, 쟤네는 가족이 다 있는데' [그런데] 어느 날 내 가족은 없잖아. 그러니까 싫은 거야. 우리 유가족이요, 웃으면 아무 느낌도 없어요, 같이 웃어요. 같이 웃고 같이 농담도 하고 얘기하고. 그런데 식구들이 그러면 절대 안 되는 거 같아, 내가 안 받아들여져. 그 차이가 있는 거 같아요.

면담자   뜨개질 모임은 언제부터 나가셨어요?

다혜 엄마   12월 달부터 나갔어요. [다른] 엄마들이 거기 가 있느라고, 만나려고 그러니까 거기 가야 엄마들을 만나겠더라고요. 다 뜨개방에 가 있으니까 그래서 나도 거기 가서 뜨개질하고, 엄마들 만나서 이야기하고 뜨개질하고. 제가 얼마나 많이 떴는지 알아요? 한 40개 떴나 봐, 목도리만 길게 뜬 것도 있고. [대개는] 짧게 떴어요, 저는 많이 짧게. 그러니까 그렇게 많이 떴어요. 영월 가서 할머니들 많이 드리고 아시는 분들 드리고 그래서 [남은 게] 한 개 있어요, 한 개. 제 거 한 개 딱 남았어요. (면담자 : 다 드렸어요?) 응. 그러려고 뜬 거니까 다 드렸어. 엄마들 거진 다 그렇다 그러더라고요, "아시는 분들 다 드렸다"고 그러더라고.

7

지난 3년간의 삶에서 심경의 변화

면담자   지금까지 참여한 활동에서 아쉽거나 후회되는 것이 있으세요?

다혜 엄마   아까 중간중간 이야기했잖아요, 제가. '우리 아이들 찾아왔을 때 [장례를 안 치르고 버텼으면] 그러면 얼마나 좋았을까' 그거 후회하는 거죠. '우리 아이들 처음에 찾아왔을 때 단원고 [보존해서] 해놨으면 어쨌을까' 교실 안 뺏겼죠. 후회하죠, 그런 거 많이 후회하고 있어요. 그러니까 개인적으로 국회 가지 말고, 국회의사당 가서 자고 거기 가서 시간 낭비하지 말고 국정원이나 한군데를 딱 [정]해서. 광화문? 개인적으로는 '그렇지 않다'고 생각해요. 그냥 국정원 이런 데에, 아니면 해수부나 탁 찍어서 거기 가서 했었으면 개인적으로는 더 낫지 않았을까…. 아이 아빠 말이 너무 맞았던 것 같아요. 지금은 아무것도 우리가 없잖아요. 하물며 교실까지 뺏겼잖아요, 뺏긴 거죠, 그죠? 뺏긴 거지. 그런 걸 많이 후회하고 있어요. 부모들이 더 현명했었으면 여기까지 안 왔을 거야. 화랑유원지? 그거는 얼마든지 가질 수가 있어요, 우리가. 엄마들이 더 현명하고 더 그랬으면 그거는 신경 안 썼을 거야. 화랑유원지는 국가에서 당연한 거를 줘야죠. [그런데] 우리가 지금 아무 힘도 없잖아.

아이들 장례 다 치렀잖아. 물론 처음에도 힘이 없었지만 그때는 아이들이라는 게 있었잖아, 지금은 그렇지 않잖아요. 그래서 그게 많이 후회스럽죠. 아무것도, 우리는 삽도 파놓은 게 없잖아요, 그죠? 정해져 있지도 않잖아, 추모공원. 제일 아쉬운 건 그거죠. [추모 공간을] 어디다 할 건가, 우리 아이들을 어디다가 모아놓을 건가. 그런 게 제일 많이 [후회]하는 거죠, 부모가 죽은 자식 생각하는 거잖아요. 추모공원이라는 거를 부모가 생각한다는 게 참… 부모한테 너무 못 할 짓을 많이 시키는 거 같아요. 당신들도 다 자식이 키우잖아, 부모잖아, 엄마하고 아버지잖아요, 그렇죠? 아빠잖아. 자식만 안 잃었을 뿐이잖아요, 그죠? 그러니까 그게….

제가 [합동분향소] 기독교방에 일요일 예배 때 나간 적이 있었어요. 그것도 힘들더라고요, 많이. 아이 이야기를 자꾸만 해야 되니까. 그래서 몇 번 나가다가 안 나갔는데, 그것도 왜 안 나갔냐면 보여주기[식인 것 같아서]. 목사님들이요, 저도 교회를 다녀요. 목사님이

"아, 나는 분향소 갔다 왔어" 보여주기식이더라고. 제가 그걸 느꼈어요. 그 목사님이, 아닌 분들도 있지만, 진실하게 우리 아이들을 위해서 와서 하루를 예배드리고 그러시는 목사님이 별로 내 가슴에 안 느껴지는 거예요. 그 목사님들은 "나 분향소 와서 오늘 하루 예배드리고 왔어" 이렇게 느껴지는 거예요, 내 가슴에는. 그러니까 제가 다 불신으로 보이는 건 인정해요, 다 불신으로 보여. 근데 그 목사님들이 참된 목사님들이라고 안 보이는 거예요.

그래서 안 나가게 되었는데, 그날은 나갔어요. 어느 목사님이, 엄마들이 아이 이야기를 하잖아요. "누구 엄마" 이렇게 대해서 이야기를 하는데 그때 제 차례가 돌아와서 이야기를 했어요. "목사님, 저는 기도하고 왔습니다. 무슨 기도 하고 왔는지 아시냐?"고 그랬더니 목사님이 쳐다보시더라고요. 진짜 그렇게 기도했어요. [세월호와] 똑같이 배가 한 번 더 넘어[가게 해]달라"고 기도를 했어요. "고등학생이건 중학생이건 그 많은 아이들 한 번만 더 [배가] 넘어갔으면 좋겠다"고. 우리 아이들 그때 사고 나고 얼마 안 돼서 여행객들의 배가 살짝 넘어간 적이 있었죠? 저는 그거를 다 넘어지기를, 못 구하기를 원했어요. 세상에 저 같은 사람이 있을까요? 저는 그거를 보면서 '한 사람도 살아 안 나왔었으면 좋겠어'. 그거는 욕먹을 일이에요. [그런데] 진짜로 제 마음속에는 그거를 보면서 '제발 살아 나오지 말으라'고, '그러면 그 사람들도 내 마음을 알 거 아니냐'고. 제가 그때 간담회 가서도 "한 번만 배가 [또] 넘어져 달라"고 저는 그렇게 기도했어요, 진짜로 그렇게 기도했어요. 나는 지금도 그런 마음은 있어요, "한 번만 배가 더 넘어달라"고, 넘어졌으면 좋겠어요. 이만한 인원이

죽든 뭐 하든 저는 그건 관여치 않아요, 내 아픈 거를 알아줄 거 아니에요.

이 추모공원, 와동 화랑유원지[를] 달라 그래도 시민들이 반대하잖아요, 그죠? 땅값이 떨어지니 어쩌니 하는데 '땅값? 땅값이 내 자식의 목숨하고 똑같겠냐?' 이거죠. 나는 달라고 거기 가지도 않아, 나는요. 거기 엄마들이 가잖아요, 저는 가지도 않아요. 왜 안 가냐면 그 사람들은 자식을 안 잃었기 때문에 우리 마음을 모른단 말이에요. 그 사람들하고 뭔 상대를 해서 싸우겠어요. 그렇다고 내가 그 사람들한테 '너네 자식도 죽어봐'. 옛날에는, 처음에는 그랬죠. 누가 뭐라고 그러면 "당신 자식도 물에 빠뜨려 보세요" 이렇게 이야기를 했어요. 그런데 지금은 배가 하나 더 넘어지길 원해요, 참 나쁘죠. 한번만 더 넘어졌으면 좋겠어, 제가 살아 있는 동안.

이 나라가, 이 정부가, 우리 시민들이, 우리 국민들이, 우리들을 위해서 가슴은 많이 아파하죠, 전 세계에 생중계됐으니까. 지금은 그렇지 않잖아요. 물론 제가 제 자식을 안 잃었으면 저도 그렇게 했을 거예요, 똑같이 했을 거야, 상대적이니까. 하지만은 저는 제 자식을 잃었기 때문에 거기까지는 안 보여. 그러니까 [배가] 한 번만 더 넘어졌으면… 그래도 그럴까?' 그런 생각을 참 많이 해요. 넘어지면 좋겠어요, 진짜로 좋겠어. '이거를 다른 사람이 안다면 난리 날 거다'.

사실 배가 다시 넘어지라는 건 말이 안 되는 거잖아요, 근데 제가 피를 토할 정도로 그래요. 넘어졌으면, 한 번 더. 우리도 이 나라, 이 정부가 우리 아이들[에게 한]처럼 그렇게 할 건가 다시 한번 보고 싶은 거죠, 저는. 그 부모들이, 그분들도 자식을 잃을 거 아니에요,

다혜 엄마 김인숙

누군가가 만약 똑같은 일이 생긴다면. 그때 와서 우리한테 '미안하다'고 그러겠죠. 그럼 반대로 생각을 해보세요. 미안하다고 그러기 전에 한 번쯤 이해해 줄 수는 있잖아요. 자식이, 내가 아까도 말씀드렸지만 엄마하고 아빠잖아요, 부모잖아. 그 부모라는 게 힘이 말도 못 하잖아요, 그 부모니까.

면담자　　　신앙과 믿음이 변하기도 하셨어요?

다혜 엄마　　저는 다혜를 잃기 전에는 교회 안 다녔어요. (면담자 : 이후에 다니신 거예요?) 네, 다혜가 천당에 있다는 걸 확신하거든요. 저는 그 전에는 절에 다녔어요. 아빠가 절에 다녀갖고 맨날 [저도 같이] 절에 가서 그랬는데, 영월에 가면서 아빠도 교회를 다니기를 원했고. 내가 맨날 [교회] 다니면서 하는 게, 다혜를 이다음에 만날 수 있는 길을 찾아야 될 거 아니에요. 하늘나라에 있다, 천당에 하늘나라에 있잖아, 우리 딸. 그러면 제가 교회를 다녀야 하잖아요. 저는 만나고 싶거든요.

　　어느 목사님이 이런 이야기를 하시더라고요. 내가 "지금 죽으면 다혜를 만날 수만 있다면 내가 죽겠다"고 이야기를 했었어요. 어느 간담회 갔는데 어느 목사님한테 제가 그런 적이 있었을 거예요, 아마. "지금 내가 이 생애 말고 다음 생에서 딸을 만날 수 있다면 저는 여기서 [삶을] 말겠습니다. 포기를 하겠습니다, 저는". 물론 자식이 있어요, 근데 그 자식은 혼자로서, 자식을 잃었기 때문에 그 자식이 안 보이잖아요. 이 자식이 너무 그리운 거야, 지금은요. 너무 그리운 거야, 다혜가. 그래서 만날 수만 있다면, 저는 지금도 그 똑같은 생각이에요. 내가 "우리 다혜만 만날 수 있다면 다 가겠어요" 근데 목사님이 그러시더라고요, 자살을 하면 못 만난대요. 저한테 "불교나 기독교나 자살을 하면 절대 만나지 못합니다, 어머니" 그렇게 이야기를 하는 거예요. 그래서 내가 '아, 못 만나면 안 되는데'. 딴에는 우리 다혜가 너무 그리운 거예요. 그래서 그러면 나중에 잘 살고 있다가 나중에 진짜 만나야죠. 그래서 교회를 다니게 됐고, 신앙생활을 하게 되는 과정에서 만약에 내가 아이를 잃고 아빠까지 잃은 상황에서 이 신앙생활을 안 했으면 못 살았을 거 같아요. 내가 그렇다고 믿음도 좋은 것도 아니에요. 근데 딱 누가 말씀하면 이래요. "저는 목적은 하나입니다, 목사님" [그게] "뭐냐?"고 물어보잖아. "다혜 만나야 되잖아요" 다혜 만나야 되잖아. 그래서 나는 다혜 만나는 거, 그거 하나예요. 물론 신앙생활의 목적은 다혜 만나는 거지만 그 안에 신앙생활 잘하겠죠. 그러니까 절대 [신앙이] 변하지 않을 거 같애. 다혜를 봐야 되니까, 이다음에 다혜 봐야죠.

면담자   그러면 지난 3년 동안 본인한테 위안이 되었던 일 같은 게 있으세요?

다혜 엄마   없어요, 그냥 사는 거. 죽지 못해서, 죽지 못해서 사는 것뿐이에요. 그냥 배고프니까 먹듯이, 그냥 사는 거예요. 아까도 그랬잖아요. "[다혜를] 만날 수만 있다면 가고 싶다"고. 너무 힘이 드니까. 사람들은 "아, 얼굴도 좋아 보이네, 괜찮네" 이러는데 그건 겉모습이잖아요. 만날 수만 있다면 지금도 똑같아요. 가고 싶고, 너무 그립고. 그냥 사는 거야. 그냥 사는 거야, 그냥.

다혜 엄마 김인숙

면담자   세상에 대한 관점이나 가치관이 4·16 참사 이후에 변한 게 있으세요?

다혜 엄마   없어요, 전혀 없어요, 아무것도 없어. 희망이 저한테 없거든요. 내가 살아갈 희망이 별로 없어요. 큰딸한테 보니까, 우리 ○○이 때문에 안 그런 척하는 것뿐이지 아무 의미도 없어요. 하고 싶은 것도 없고, 즐거운 것도 없고, 그냥 하루가 가는 것뿐이에요, 3년 동안 다. 아빠가 살아 있을 때는 그래도 아빠 병간호를 해야 되겠다는 의지력도 있었고 그랬는데, 아빠가 그러고 나서는 아무 의지 없어요. 그냥 사는 거예요. 어디 가서 밥을 먹게 되면 밥을 먹는 거고 어디 가서 뭐 하게 되면 뭐 하는 거고, 엄마들하고 커피 마시러 가면 커피 마시는 거고, 의미가 아무것도 없어요, 저는. 다혜 보내고 나서는 없어요, 아무것도 없어. 그냥 사는 거예요, 목숨이 붙어 있으니까.

면담자   대통령 탄핵을 앞두고 있는데, 그런 과정을 보시면서 어떤 생각이 드셨어요?

다혜 엄마   저는 "불신한다"고 그랬잖아요, 과연 얼마나… 알려는지겠죠. 우리 아이들이 왜 그랬는지 시간이 가면 알기는 알겠지만, '진실은 전부 다 밝혀진다'고는 생각을 안 해요. 그러니까 지금 내가 바라는 게 있다면 추모공원에는 관심이 있고요. 빨리 추모공원이 선정이 돼서 부지가 공사를 했으면 좋겠는 거고, 그 외에는…. 정권이 바뀌고 그러면, 탄핵되고 그러면 우리 아이들의 문제는 당연히 나오겠죠. 그렇기 때문에 [문제는] 얼마나 얘기를 해주겠냐는 거죠, 얼마나 진실을 밝히겠냐는 거. 그 거시기가 똑같고 그 사람이 그 사람이잖아요, 정치가 다 그렇지 않을까요? 그래서 그렇게 하지 않아요, 저는 믿지 않아요. 조금만 바뀌겠죠, 그냥 쬐끔. 정치가 바뀌고 박근혜가 탄핵돼도 문재인이 얼마나 밝혀줄까요? 그렇지 않다고 생각해요, 저는. 정권이 바뀌었으니까 조금 그렇게 해주겠죠. '확 모든 진실은 밝혀진다'고 생각하지 않아요. (면담자 : 시간이 지나도요?) 그렇죠. 먼 훗날, 진짜 먼 훗날에는 그렇게 될지 몰라도 어느 정도는. 10년 그 정도 지나면 모르겠어요. 그 전에는 그렇게 생각 안 해요, 개인적으로는 그렇게 생각 안 해요. 그 정권이 그 정권이고, 그 사람이 그 사람이고. "정치는 마약과 같다"고 그러잖아요. 그러니까 안 그래요. 얼마나 우리한테 문재인이가 밝혀주겠어요, 그렇지 않아요. 저만 불신하고 있을까요? 제가 잘 몰라서 불신하고 있을 수도 있어요.

8
다혜만을 바라보는 삶과 바람

면담자   그러면 진상 규명은 본인한테 어떤 의미로 다가오는 것 같으세요?

다혜 엄마   진상 규명은, 진상 규명을 하게 되면 왜 아이들이 그렇게 되었는지는 알 거 아니에요. 그거는 모든 부모가 알고 싶어 하는 거잖아요. 그러니까 진상 규명은 되는데, 아까도 말씀드렸듯이 이게 전부 다 되겠냐는 거죠, 일부만. 그렇죠? 일부만 진실 규명하고 언론에서 덮으려고 그러겠죠.

면담자   진상 규명이 된다면 그 이후의 삶은 어떨 거 같으세요? 어떻게 살고 싶으신지 생각해 보신 적 있으세요?

다혜 엄마   똑같아요. 다혜 만나는 날까지는 하나도 변한 게 없을 거 같아요. [만약] 진상 규명이 다 밝혀졌어, 진짜 다 밝혀졌어. 그래도 저한테는 변한 게 없을 것 같아요. 아이가 없잖아요. 조금은 낫겠지, 왜 그렇게 됐는지를 알았으니까. 그거는 알았을 뿐이지 내 아이가 어떻게 된 게 아니잖아요, 살아 있는 게 아니잖아요. 그러니까 저는 똑같지. 아무 의미도, 아무 의미가 없는 게 아니고 내 삶의 의미가 없는 거죠. 내가 죽는 날까지는 그냥 살아가는 거지.

면담자   그러면 혹시 남은 삶에서 목표 같은 것도….

다혜 엄마   목표? 다혜 만나는 거, 그거 외에는 없어요. 그래도 한 아이의 엄마니까 이거는 있을 거야, 큰딸이 가정을 잘 꾸려서 결혼해서 애 낳고 그렇게 사는 거는 보고 싶어요. 그 외에는 아무 의미 없어요. 현재 보고 사는 건 그거죠. 근데도 슬플 것 같아요. 걔가 결혼해도 슬플 것 같고, 걔가 아이를 낳아도 슬플 것 같고, (가슴을 치며) 항상 여기는 슬플 것 같아요, 정상적으로 삶을 산다면. 만약에 다혜가 사고로, [아니면] 진짜 아파서 그렇게 됐다면 이렇게 아프진 않을 것 같아. 이런 마음을 갖고 아무 희망 없이 살진 않을 것 같아. 그런데 지금은 아무 의미도 없고, '우리 딸이 결혼을 해서 가정을 꾸렸으면 좋겠다'는 생각을 해요. 엄마가 거기에 대해서 못 해주니까. 그러면 쟤가 숨통을 트이고 살지 않을까? 나도 걔가 불안하거든요, 나 같은 생각을 하고 있을까 봐. 그래서 "나가서 친구들도 만나" 이렇게 하는데, 걔가 아이를 낳고 하면 나아질까 봐. 근데 저번에도 말씀드렸는지 잘 모르겠지만 [큰딸이] "엄마, 나는 행복할 일이 없을 거 같아" 그랬을 때 내가 참 무서웠어요, 그 소리 들었을 때는, 큰딸한테. 26살 딸한테 앞으로 인생이 너무 좋은 게 많을 거 아니에요. 그 딸한테 그런 소리를 들었을 때 참 무서웠어요. 나하고 똑같은 생각을 할까 봐, 아무 의미 없이 살까 봐.

면담자   현재 고민거리나 걱정되는 점이 어떤 게 있으세요?

다혜 엄마   고민은, 걱정은 있어요. 제가 지금 영월에다 일을 벌려 놨잖아요, 아빠가. 그게 빨리 마무리돼서 저는 안산에 있고 싶거든요. (면담자 : 따님이랑 같이?) 네, [영월에] 가기 싫고, 제가 아까 [말했듯이] 운전을 해갖고 가야 되니까 그것도 불안하고. 이 상황에서 걔가 엄마까지 잃으면 우리 딸이 살겠어요? 못 살지. 그러니까 그거는 아닌 것 같고, 저는 지금이래도 가도 상관은 없어요. 저는 지금이라도 상관은 없어요. 진짜 내가 죽는다 해도 나는 별 의미 없어요. 근데 그 딸이 얼마나 아프겠어요. 그래서 제가 살아야죠. 운전할 때 겁이 나고, 영월이 잘 마무리되어서 제가 활동을 안 하든 하든 안산에서 일단 있었으면 좋겠어요. 제가 지금 바라는 건 그거 하나예요.

면담자   마지막 질문입니다. 다혜를 떠올리면 무슨 생각이 드시나요?

다혜 엄마   다혜… 이름만 들어도 눈물은 나요. 그런데 뭘 떠올리냐면, 그립고 만져보고 싶고…. 제 차 백미러에 다혜 사진이 있어요. 물론 아빠도 있고 큰딸도 있는데, 항상 다혜 사진이 있어요. 제가 아침에 운전할 때, 뭐 할 때 다혜를 먼저 보고 그래요. '같이 함께 항상 한다'고 생각을 하거든요. 그래서 그렇게 된다면 다혜, 오로지 다혜죠. 저는 큰딸한테 너무 미안해요, 머릿속에 항상 다혜만 들어 있어서…. 다시 질문해 주세요.

면담자   본인한테 다혜가 어떤 의미인지….

다혜 엄마   목숨과 똑같은 거잖아요, 다혜. 오로지 다혜 생각만 하고 있는데, 걔가 옆에 있을 때도 그랬어요. 저한테 오죽하면 "엄마의 전부, 엄마의 똥강아지" 했으니까. 큰딸하고는 제가 그래 본 적이 없어요. 손만 잡아도 작은딸이 더, 자식은 물론 똑같다고 그러진 않는데 [다혜에게] 더 의지하고 더 저기 했었으니까. 그래서 많이 보고 싶고 만져보고 싶고 그래요, 전부였으니까. 그러니까 지금이라도 내가 다혜를 만날 수 있으면은 따라간다니까요. 진짜 그거는 그냥 하는 말이 아니에요, 다른 부모들도 그렇겠지만.

면담자   저희가 준비한 질문은 여기까지인데, 꼭 남기고 싶은 말씀이 있으신가요?

다혜 엄마   남기고 싶은 말은, 다시는 이런 일이 일어나면 안 되죠, 그죠? 아까는 물론 [또 한 번 배가] 넘어지라"고, "소원이라"고 그렇게 했어도 절대 일어나면 안 돼요. 만약에 진짜 이런 일이 일어났을 때는, 물론 우리 아이들 일로 많은 사람들이 많이 깨었어요. 저번에도 지하철이 그렇게 됐을 때 가만히 있으래도 사람들이 다 뛰어나오잖아요. 그렇듯이 안전 그런 거에서 더 저기 하고[안전해지고] 더 많은 것이 바뀌었으면 좋겠어요. 바람은 그것밖에 없어요. 그리고 세월호 유가족이라는 색안경 안 끼고 보고, '부모, 엄마' 그거로만 봐줬으면 좋겠어, 부모들이 어떤 행동을 해도. 물론 모든 부모들이 한결같이 한마음으로 그러지는 않잖아요. 그런다 하더라도 엄마가 자식을 잃은 부모잖아요, 고거만 봐주셨으면 참 좋겠어요. '얼마나 아플까, 어떻게 살까' 그렇게만 봐주시고 조금만 더 보듬어 안아주시면 감사할 것 같아요, 그것밖에 없어요. 다 했죠, 이제? 제가 말주변이 잘 없어요.

면담자   네, 긴 시간 힘드셨겠지만 어려운 말씀해 주셔서 감사합니다.

3회차

2019년 3월 28일

1
시작 인사말

면담자　　　본 구술증언은 4·16 사건에 대한 참여자들의 경험과 기억을 기록으로 남김으로써 이후 진상 규명 및 역사 기술에 기여하고자 합니다. 지금부터 김인숙 씨의 증언을 시작하겠습니다. 오늘은 2019년 3월 28일이며, 장소는 안산시 단원구 4·16기억저장소입니다. 면담자와 촬영자는 강재성입니다.

2
5주기를 앞두고 최근의 근황과 심정

면담자　　　오늘은 지난 구술에서 미진했던 내용을 좀 더 여쭤보고 그동안 변화한 상황들에 대해 어떻게 생각하시는지 여쭤보겠습니다.

다혜 엄마　　　잘 대답할 수 있는지 모르겠어요. 다 똑같은 말이 아닐까요? 다 똑같을 것 같은데요.

면담자　　　자세히 보면 느끼는 바들이 조금씩 다 달라요.

다혜 엄마　　　그럴 거라고 생각해요.

면담자　　　이번에는 다혜에 대한 기억을 좀 더 구체적으로 남기고 싶어서 힘드시겠지만 한 번 더 구술을 부탁드리게 되었어요. (다혜 엄마 : 아니에요, 괜찮습니다) 먼저 최근 근황을 여쭙겠습니다. 요즘 어떻게 지내시고 계세요?

다혜 엄마   요즘에는 영월, 봄에는 영월에 가서 농사짓고요, 그냥…. 그래도 다혜 언니가 집에 있잖아요. 혼자 있으니까 남겨진 아이가 많이 불안해요, 제가. 그래서 주로 같이 있어요. 주로 같이 있고 잘 얼굴도 못 보지만, 직장생활 하니까 얼굴 잘 못 봐요, 3교대 하니까. 그리고 자기 생활이 있으니까, 제가 보이지 않게 집에서 있죠. 그리고 제가 신앙생활 하고 가끔가다 봉사활동도 나가고. 또 제가 늦게 다육이를 시작을 해서, 거진 시간 날 때는 거기 가서 다육이 하고 있어요. 지금도 거기서 하고 왔어요.

면담자   어디 가서 하시는 거예요?

다혜 엄마   다육이라는 건 하우스에서 조금씩 다이를[대야를] 빌려서, 요만하게 다이를 빌려서 자기가 키우고 싶은 거 사서 거기서 키우는 데예요. (면담자 : 하우스가 따로 있는 거군요?) 네, 집에서 키우면 안 이쁘니까, 그거 하고 있어요.

면담자   신앙생활은 교회에 나가시는 건가요?

다혜 엄마   감리교회 나가고 있습니다.

면담자   지난번 구술하신 시점이 2017년 2월이었어요. (다혜 엄마 : 잘 정확히 기억은 안 나요) 어머님 구술하신 직후에 세월호 인양이 되었거든요. 인양할 때 내려가셨었나요? (다혜 엄마 : 네) 그날 바로 가셨어요?

다혜 엄마   그때 가족들이랑 같이 차 빌려서 같이 배에 가 있었어요, 배 안에 있었어요.

면담자   인양이 되는 걸 유가족들과 배에서 같이 보고 계셨군요. (다혜 엄마 : 네, 그렇죠) 처음 세월호를 봤을 때 어떤 느낌이 드시던가요?

다혜 엄마   음… 처음에 그 배를 올라가서, 제가 배를[세월호를] 둘러봤어요. 근데 과연 애들이, '거기서 뛰어내릴 수 있는 아이들은 없을 거'라는 생각을 했었어요. 만약에 '바깥에 나왔다 하더라도 뛰어내리지 못했을 거'라는 그런 생각했었어요, 거기서(침묵). (울먹이며) 그리고 그 배를 보면서… 안 울라 그랬는데, '모든 사람이 그거는 부모는 똑같은 마음이었을 거'라고 생각해요. 그 올라오는 배에서 '우리 아이들이 그 배에서 얼마나 엄마를 찾았을까' 그거를 생각했었어요. 그래 가지고 제가 작년에 교회에서 어르신들 모시고 잠깐 속초를 간 적이 있어요. 근데 속초에서 어르신들을 모시고 배를[로] 잠깐 도는 것을 했는데 저는 앉아서 그냥 울었어요, 너무 무서워갖고. 그래서 우리 아이들도, 저는 배만 보면 그런 생각을 하거든요. '우리 다혜가 얼마나 엄마를 찾았을까' 그런 생각이 나서 배를 잘 못 타요, 아직까지도(울음).

면담자   시작을 이런 얘기로 해서 죄송합니다. (다혜 엄마 : 그러니까요) 세월호가 인양되고 난 후에 목포 신항에 있는데 목포는 자주 내려가셨었나요?

다혜 엄마   네, 많이 내려갔었어요.

면담자   다혜 유품이 더 나온 게 있나요?

다혜 엄마   없었어요. 캐리어 가방이 열렸다고 생각을 했기 때문에, 그 진흙탕에서 이렇게 그거가, 다혜 거가 나올 거라 [생각을 안 했어요]. 교복에는, 옷을 가져갔잖아요. 그런데 그게 진흙이 그렇게 되었으면… 다혜 게 많이 있다고는 들었는데, 다혜 거는 정식으로 나온 건 없었어요.

면담자   뭐가 다혜 거인지 알 수가 없는 상황이었던 거죠? (다혜 엄마 : 그렇죠) 세월호 인양 전에도 다혜 유품은 나온 게 없었나요?

다혜 엄마   다혜 거는 가방이 나왔기 때문에, 메고 갔던 가방이. 핸드폰은 주머니에 있었고요. 가방이 나왔기 때문에, 가방 안에 자기가 가져갔던 용돈, 볼펜 그런 사소한 거가 다 가방에 들어 있었어요. 그래서 지금 집에 다 있어요. (면담자 : 집에다 갖다 놓으셨어요?) 집에 지금 다혜 방에 다 있어요.

면담자   다혜 방은 아직 정리 안 하셨나요?

다혜 엄마   네, 선생님은 [다혜] 아빠 안 계신 거 아시잖아요. 아빠가 벌써 간 지 3년이 되었잖아요. 아빠 것만 치울 수가 없더라고요(침묵). 그래서 아빠 것도 안 치웠어요, 제가 1년 넘게 안 치우고. 그런데 어느 날 신발장을 열어보는데, 아빠 가죽 신발이 다 곰팡이가 슨 거예요. 그래서 내가 다혜 아빠 구두를 가지고 구둣방에 가서 싹 닦아다가 집에다 놨어요. 그런데 어느 날 친구한테 그런 이야기를 했더니 저를 정신병자 취급을 하더라고요. (면담자 : 왜요?) "어떻게 없는 남편의 신발을 닦아다가 신발장에 넣어놓을 수 있냐"고. 근데 1년이 넘고, 2년이 되면은 어르신들은 유품을 없애잖아요. 근데 저는 미안해서 못 없앴어요. 다혜 거는 한 개라도, 다혜 이름자만 쓰여 있는 거 있으면 다 모아놨는데, 그렇다고 아빠 거를 어떻게 할 수가 없는 거예요. 근데 그렇게 해서 닦아다 놨는데 3년째 좀 안 될 때 제가 개인 소각장에 가서…, 아빠가 자꾸만 꿈에 나오는 데 벗은 옷으로 나오시는 거예요, 아빠가. 그런 이야기를 하니까 어르신들이 "안 태워줘서 그런다"고 얘기를 하시더라고요. 그래서 아빠 거는 제가 개인 소각장에 가서 아빠랑 나랑 같이 입던 옷만 빼고는, 마지막에 했던 거 이런 거는 다 제가 소각해 드리고 다혜 거는 그대로 다 있어요.

면담자　　　다혜 거는 앞으로도 정리는 안 하실 건가요?

다혜 엄마　　마음은 그래요. [다혜] 언니한테 그 짐은 주고 싶지 않아요. 근데 마음속에서 언니가 결혼을 하고 그러면 또 그러니까…. 사람들이 왔다 갔다 하면, 또 보면 그러니까. 그거는 저만의 저기잖아요, 저만의. 언니도 물론 그렇겠지만.

　　그래서 마음속으로는 '우리 아이들 추모공원이 다 생기면은 그렇게[추모공원으로 보내야] 하지 않을까', 옷 하나도 다 그대로 있거든요. 양말서부터 가방에 넣었던 음료수까지도 다 그대로 있어요, 제가. 그래서 그래야 되지 않을까…. 근데 그거는 그때 생각뿐이죠. 그래서 그냥, 제가 스스로 변하니까 제가 나이가 좀 먹으면 '그냥 내가 먼저 정리해 주고 가야 되지 않겠나' 그런 생각을 해요. 근데 지금 당장 뭘 어떻게 할까…. 어제도 제가 대청소했거든요, 다혜 방을. 어느 때는 막 갖다 놓으면 인형도 엄청 많고, 그래서 지금은 인형 잘 안 사다 놨고. 그냥 지저분한 것 같은 거예요.

근데 새로 사다 놓은 것은 의미가 없잖아요, 다혜 손길이 있는 게 의미가 있지. 그래서 이렇게 정리해 놨다, 저렇게 정리해 놨다가 그래요. 그래서 다혜가 체육복을 [입고] 배에서 나와갖고 옷이 그대로 있거든요. 그게 색깔이 바랬어요, 많이. 그래서 내가 하도 붙들고 울어갖고 그 옷에 코가 엄청 묻어 있어요(웃음). 근데 그게 옛날에는, 한 2년 전까지만 해도 맨날 방에 가서 울었었는데 지금은 그렇게 울지는 않아요. 그냥 들락날락하면서 지저분해져 있으면 청소하고, 향수 그런 거, 항상 냄새 좋은 거, 딱 들어가면 향 좋게 나게 그거 놔두고 꽃다발 좀 주로 많이 갖다 놓고 그러고 있어요, 다혜 방은.

면담자 혹시 다혜 방에 들어가면 아직 다혜가 쓰고 있는 것 같은 기분이 드시나요?

다혜 엄마 그렇지는 않아요. 그런 거는 없고, 5주기가 돌아오니까, 4월 달이 되고 몸이 먼저 알더라고요(침묵). 아침에 눈을 뜨면 너무 보고 싶은 거예요. 한 일주일 전부터는 너무 보고 싶어 갖고 어떻게 할 수가 없었어요, 그냥 앉아서 펑펑 울고. 요새 제가 지금 그런 상황이에요. 자꾸만 [주위에서 안 좋은] 말도 나오고, 사람들이 얘기도 하고. 그런데 그래서 지금 많이 울고 힘들어하고 있어요.

면담자 4월이 오면 몸이 안다고 하셨잖아요. 5주기에도 여전히 그러신 건가요? (다혜 엄마 : 네) 처음과 똑같이 계속 아프신 건가요?

다혜 엄마 네, 3월 말쯤만 되면 그냥…. 사람들이 저한테 이런 말을 하시더라고요, 요새. 저는 주로 만나는 분이 교회 분들하고 엄마 몇 명만 만나는데, 그 아버님들이 잘해주셔요. 제가 신랑, 아빠가 없으니까, 다혜 아빠가 없으니까. 요새 제가 유가족들을 많이 만나고 있는 입장이에요. 그거는 아실 거라고 생각을 하는데, 배·보상 먼저 받은 사람하고 그러기[활동하기] 때문에. 제가 다혜 때, 그때 아파서 마지막 날 제가 소송을 갔다가, 제가 자신이 없었어요. 아빠가 오늘 내일하시는데 그걸[소송을] 내가 끌고 갈 자신이 없는 거예요. 그래서 [배·보상 신청 기일] 마지막 날 제가 소송을 갔다가 마지막 10분 남겨놓고 다시 사인을 해갖고 환불을 받았어요, 인지대 다 빼고. 그래 갖고 지금 제가 그 일을 다시 임원으로 맡아서 지금 하고 있어요.

근데 왜 하는가 하면요, 그때는 아빠가 아파서 내가 어떻게 할수가 없었지만, 이거는 너무 아닌 것 같아요. 어떻게 아이들을, 한날한시에 간 아이들을 나라에서 차별하냐고. '부모가 그런 것은 저는 괜찮다'고 생각해요. 부모는 [활동을] 열심히 하셨으니까 그건 가능한데, [아이들이] 한날한시에 이렇게 됐는데 '누구는 그렇고 누구는 [다르다] 이거는 아니라'고 생각하기 때문에 지금 그거에 대해서 열심히하고 있어요, 다른 거 다 제쳐놓고 그 일을. 오늘도 시청에 들어가야되는데 2시에 약속이 있었어요. 근데 갔다가 만약에 얘기를 하다 보면 여기를 늦어질까 봐 제가 오늘 약속을 못 가고 여기를 왔어요.

아무튼 그래서 열심히 제가 하고, 만약에 그게 그렇게 되든지 안되든지, 우리가 원하는 방향으로 갈 수도 안 갈 수도 있지만 끝까지해보려고 그래요. 그래서 요새 아버님들을 많이 만나고 여기저기 좀많이 다니고 있어요, 그래서 많이 바쁘기도 하고. 만약에 우리가 원하는 대로 안 됐다 하더라도, 내가 그때는 그렇게 사인할 수밖에 없는 그 상황이었잖아요, 아빠 때문에. 그래도 미안했거든요, 다혜한테. 근데 아빠는 "너무 잘했다"고 그랬어요. 그때 해갖고 왔을 때 내가 "소송 간다"고 하니까 [다혜 아빠는] 안 했으면 하셨거든요. 그래도 내가 가니까 "그래 하고 싶은 대로 해" 그랬었어요, 다혜 아빠가. (울먹이며) 근데 내가 마지막 날 가서 "다혜 아빠 내가 [배·보상 신청에] 사인했어" 그러니까 손을 잡고 "잘했다"고 그러시더라고요, "잘했다"고. (눈물을 훔치며) 그래서 저는, 지금 109명이에요, 다시 소송 들어간 사람. 그 109명이 똑같은 이런 거를 나라에서 그렇게, 다시 그렇게 한다 하더라도 저는 후회하지 않아요. 왜냐, 다혜한테 가서 "그때는 엄마가 상황이 그래서 못 했지만 지금은 엄마가 열심히 했어", 그러니까 다혜한테 가서 "엄마 지금 열심히 했어" 그 말을 할 수 있어서 괜찮아요.

면담자　　　그러니까 다혜한테 더 이상 미안하지 않도록…. (다혜 엄마 : 네, 열심히 할 거고) 그 당시에는 피치 못할 사정으로 소송을 철회하실 수밖에 없었지만 이제라도 후회 없이 활동하시려는 거네요.

다혜 엄마　　　모든 분들이. 제가 의원들하고도 많이 만나고 다니는데, 국회의원님들도 많이 모르시더라고요. 안산의 국회의원님들도 다 모르시더라고요. (면담자 : 어떤 걸요?) 소송 차이가, 배·보상 정책을 다 모르시더라고요. 그건 아니시라는 말씀을 많이 해요. 어떻게 아이들 갖고 그렇게…, 우리가 "'화해'라는 것에는 거기가[여지가] 있다. 배·보상받은 데 거기에 [사건이 종결되지 않은 의미가] 있다", 그랬더니 어떤 의원님이 그러시더라고요. "아이들이 사고를 쳤냐? 형사사건이냐? 그거는 얼마든지 그렇게 할 수가 없는 거다" 이런 말씀을 하시는 의원님도 있었어요. 누구 의원님이라고는 말씀드릴 수 없고요.

면담자　　　제가 잠깐 이해가 안 되는데, 왜 형사사건과 비교하는 거죠?

다혜 엄마　　그러니까. 그런 말씀을 하시더라고요. "이런 것은 공평하게 가야 된다" 그렇게 얘기를 하시더라고요.

면담자　　　그러니까 모든 유가족들이 배·보상을 동일하게 받기 위해서, (다혜 엄마 : 그렇게 싸우고 있는 거죠) 싸움을 시작하시는 건데 그것에 대해 모른다는 말씀이시죠?

다혜 엄마　　그렇죠, 나라에서도. 근데 모르시는 분들이 너무 많으시더라고요. 저희는 처음에는 참 힘들었어요. 그거를 작년서부터 우리가 시작을 해서 1차, 2차 저기[소송]까지 들어갔는데. 국민들이, 모든 분들이 '돈을 더 받기 위해서 이렇게 한다' 할까 봐 참 조심스러웠어요. 근데 많은 분들이, 슬쩍 얘기를 하면 "아, 그거는 아니라"고 그렇게 해서, 우리가 더 용기를 얻고 이제 드러나게 하려고 그러고 있습니다.

3
배·보상 소송을 위한 사단법인의 발족

면담자　　돈을 더 받으려고 그런다고 오해하시는 분들이 좀 계셨나 보군요?

다혜 엄마　　저희가 그럴까 봐 조심스러워서, 조심했죠. 근데 그렇지가 않다는 거였어요, 말을 슬쩍 해보면 "그렇지 않다. 아이들은 동등해야 된다"고 90프로, 열 분이면 열 분이 다 "아이들이 동등해야 된다"고 말씀을 하시고, 의원님들도 그렇게 말씀을 하시고. 또 부모는 열심히 했으니까 그거는, "부모에 대한 권리는 그렇게 할 수 있다"고 우리도 그거는 그렇게 생각해요.

면담자　　그렇군요. 그럼 혹시 소송을 계속하셨던 부모님들께서 이번 소송에 경험자로서 도와주신다거나 하는 게 있나요?

다혜 엄마　　전혀 안 그래요. 그렇게 [소송 여부가] 형편상 그렇게 차이가 났다는 것을 알고 있으면서도 저희한테 쉬쉬했어요. 그게 정답인지는 모르겠어요. 그거에 대해서 저희한테, 박주민 의원님까지도 한 번도 저희한테 얘기하신 분이 없었어요. 제가 상갓집에서 박주민 의원님을 만났었어요. 지난번에 어머님이 돌아가셔서, 저는 무슨 일이 있어도 아이, 제가 '할머니, 할아버지는 상관이 없지만 아이 부모님이 돌아가시면 무조건 가야 된다'고 생각하는 주의고. 몇 반인지는 기억은 잘 안 나는데. 제가 장애가 생겼어요, 기억을 잘 못해요, 이름도 기억을 잘 못하고. 다 그렇지는 않지만 장애가 생겼어요.

다혜 엄마 김인숙

아무튼 그래서 그날 어디 갔다 오다가 우연치 않게 들었어요, "[유가족의] 부모님이 돌아가셨다"고. 근데 우리 다혜 언니가 [직장이] □□병원에 있어요. "엄마, 유가족인 것 같은데 많이 아프신 분이 들어왔어" 그랬어요. 근데 그때는 그거에 대해서 잘 몰랐어요, 귀 기울이지 않았던 거지. 근데 3일 만에 그분이 돌아가신 거예요. 그래서 우연치 않게 제가 가서, 거기서 박주민 의원님을 만나서 그거에 대한 거가 좀 서운함을, 노골적으로는 말을 못 하고 "의원님, 좀 섭[섭]하다"고 그랬어요. 개인으로 섭한 건 아닌데, 제가 박주민 의원님과 개인으로 섭할 일 하나도 없는데 다른 사람이 듣기에 그럴까 봐. 거기는 소송 간 사람하고 안 간 사람이 같이 있으니까 제가 조심스러워서 "개인으로서 섭합니다" 이렇게 말씀을 드렸어요. 그런데 개인적으로 섭하고 그러지는 않아요. 근데 그분들은 "다 아셨다"고 얘기를 하시더라고요.

근데 우리 애 가기 전에, 우리는 국가를 믿고 산 사람들이잖아요, 물론 저도 [소송] 가려고 했지만. 근데 우린 국가를 믿고, 국가에서 이렇게 하니까 우린 거기에 순종한 사람들인데 국가에서 차별을 하고 있잖아요. 그런 거에 대해서 박주민 의원님은 우리 아이들로 의해서 의원님이 되신 분이시잖아요. 그러면 형평상 그런 게 있었다면은 귀띔이라도 해주시면서 한 번쯤, '이런 [배·보상 관련 민사소송] 판결이 나오기 전에 본인이 아셨을 거면 그러면 이런 일이 있으니까 어떻게 해봐라라고라도 귀띔을 해주셨어야 된다'고 저는 생각해요. 근데 그런 분은 한 분도 안 계셨어요. 그래서 우리가 뒤늦게 몇 개월 지나서, 공소시효 만료되기 한 달 전에 부랴부랴 준비해서 임원을 꾸리고 사단법인까지 인가를 받으려고 준비 중에 있어요, 지금.

면담자　　　　지금과 같은 상황을 예상했으면서도 어머님께 말씀해 준 분은 없었군요.

다혜 엄마　　　지금도 마찬가지예요. 그러니까 이거는 제가 직접 안 들었으니까 이렇게 말은 못 해요, 그런데 많은 말이 들어와요. 그런 분도 있고 안 그런 분도 있는데, 저는 자식을 똑같이 잃었잖아요. 저는 유가족한테도 많이 상처를 입었어요. 제가 아빠를 잃고 갈 데가 없었어요, 그때는. (울먹이며) 내가 마음 붙여서 어디 갈 데가 없는데, 그래도 같이 어울려서 활동을 하는 게 제가 되는 거잖아요. 가면 빙빙 도는 사람이 되는 거예요. 저는 이렇게 가면 거기 무리에 못 끼는 거야, 이게 시간이 지났으니까. 그래서 제가 몇 번 시도하다가 못 갔어요. 그래서 안 가고 제가 갈 곳을 선택을 했어요. 제가 그래서 다육이를 시작을 한 거예요, 제가. 다육이[다육식물]는 꽃이잖아요, 꽃을 시작을 해서 지금은 하고 있고. 그런 분들이 같이, 자식을 위해서 활동을 못 했어도 보듬고 안고 갔으면 얼마나 좋았을까…. 그리고 저는 아빠까지 잃었잖아요. 한 번쯤 안아줬으면 얼마나 좋았을까, 그런데 그렇지 않더라고. '지금 상황에서 자기네가 다 해놨는데 [우리는] 숟가락 하나 얹었다'고 저는 그렇게 생각하지 않습니다, 솔직히 얘기하면. 촛불도 같이했었고, 그만큼 우리가 단계를 얹어놨으니까 자기네가 가기가 쉬웠던 거예요, 솔직히 얘기하면.

　　　　저는 영월에 있다가도 촛불을 해야 된다 하면 영월에서 와서 갔어요. 물대포도 맞아보고 여기 얼굴도 상처도 나고. 그 선까지 '저희가 모든 가족이 [함께]했기 때문에 자기네가 진상 규명을 위해서 그렇게까지 갔다'고 생각을 해요. 근데 자기네가 다 했다고? 그건 아니잖아요. 그래도 우리는, 물론 마지막까지 간 사람은 그 사람들이잖아요. 우리는 거기에 대해서 아무 말도 하고 싶지 않아요, 저 개인적인 생각으로. 그런데 반 임원들은 그래도 "열심히 했다"고 그러는데, 저는 저 개인적으로는 그렇지 않아요. 근데 제가, 얼마 전에 저랑 여덟 명이 의원님을 만났어요. 안산시 의원님을 만났는데 그분이 그런 말을 하시더라고요. "그분들은, 어머님들은 열심히 하시지 않겠냐"고 그런 얘기를 [해서], "의원님, 그건 아니라"고 제가 그랬어요, 똑같은 말을 했어요. "처음서부터 그 사람들이 그 단계로 해서 거기까지 간 거 아니잖아요. 우리가 어느 정도로 했기 때문에, 그 사람들이 마지막까지 갔기 때문에 그렇게 된[차이가 난] 거지, 그건 아니지 않습니까? 그것도 우리가 인정을 해달라는 것은 아닙니다. 그렇다고 지금 이 상황이 되었을 때 한 번[이라]도 귀띔을 해줘야, 어느 날 갑자기 아이들을 다 물에다 그렇게 했는데 누구는 그렇고 누구는 [아니고] 그거는 아니라고 생각한다"고. 저는 끝까지 싸울 거예요, 끝까지.

면담자　　어머님도 아버님의 상황 때문에 피치 못해서 활동에서 빠지게 되었지만 그 전까지는 활동을 열심히 하셨잖아요. (다혜 엄마 : 그렇죠) 그런데 소송을 끝까지 가지 못했다는 것 때문에 아무것도 안 한 것처럼 받아들여졌다면 그건 안타까운 말씀이네요. "요즘 마음 붙일 곳이 없다"고 하셨죠?

다혜 엄마　　지금은 그렇지 않고요. (면담자 : 지금은 아니시고요) 네,

지금은 제가 좋아하는 다육이도 있고, 믿음생활 열심히 하고 있어요. 그래도 믿음생활을 열심히 하지만 그래도 제가 갈 데가 있어야 되겠더라고요. 제가 수요일 날 이렇게 했는데 일어나면 갈 데가 없잖아요. 집에는 너무 공허하잖아요. 그래서 지금은 그렇게 괜찮아요, 그나마도 다육이하고 있어서.

면담자　　그럼 소송 관련해서는 이제 사단법인을 꾸리시고 본격적인 활동을 시작하는 단계인 건가요?

다혜 엄마　　네, 위원장님, 부위원장님 이렇게 더불어 다 정해져 있어 갖고 한 여덟 명, 아홉 명이 활동하고 있습니다.

면담자　　아직은 사단법인 등록 전인 거죠?

다혜 엄마　　네, 거진 다 됐어요.

면담자　　네, 알겠습니다. 조금 전에 어머님께서 "끝까지 싸우겠다"고 말씀하셨는데, 구체적인 목표가 있나요?

다혜 엄마　　지금, 그러니까 [민사소송이] 2심이 되고 있잖아요. 변호사비가 다시 들어갔거든요, 요번에. 그래서 '화해'라는 거가, 내가 지금 단어가 뭐라 그러죠, 화해? 그거를 하면 '다시는 할 수 없다[서로 양보하여 분쟁을 종료한다]' 그런 말이잖아요, 우리 배·보상받은 데 있어요, 그 문구가. 그렇지만 우리가 그래도 아이들을… 아이들이잖아요. 그래서 우리가 [이름이] '0416'이에요, 우리 사단법인 이름이 '단원고0416'인데, 만약 2심 재판, 이번 재판에서도 "안 된다"고 하더라도 '그다음 또 신청할 거고, 그다음에 할 거고, 그다음에 할 거고. 계속 그렇게 할 거'라고 생각합니다.

면담자　　변호사한테 법률적인 자문도 다 구하신 건가요?

다혜 엄마　　소송하고 있어요, 했어요. 작년서부터 시작을 해가지고 저번에 법원에 갔다 왔어요.

면담자　　그러면 소송은 처음에 어떻게 알고 시작하시게 된 건가요?

다혜 엄마　　설마설마 그랬죠, 근데 한두 분의 아버님들이 연락을 다 해왔어요. 처음 가족대책위 위원장이었던 ☆☆이 아빠, 그분 와이프가 지금 위원장입니다. 지금 그래서 같이 다 모여서 소송을 하게 됐어요.

면담자　　그러면 배·보상받으신 분들은 전부 다 같이 가시는 건가요?

다혜 엄마　　다요. 우리는 거기서도, 물론 하다 보니까 지금 잘 안 모여지는 것은 기정사실이에요, 다 생활이 있으니까. 근데 우리는 그렇게 얘기해요, 위원장님도 그렇게 얘기하고. "절대 우리는 그렇게 하지 말자". 안 나온다고? 그 사람들이 힘이에요. 그 사람들이 나와 줘야지, 한 달에 한 번 임원 회의를 할 때 그 사람들이 나와줘야지. 우리는 지금 사무실이고 아무것도 없잖아요. 우리는 지금 안산시에서도 우리한테는 지원해 주는 게 하나도 없는 거예요. 저쪽[4·16세월호참가가족협의회]만 기예요[유가족이에요]. 우리는 가족이 아니에요, 안산시에서도 사무실도 없어요. 우리 사무실 얻으려고요, 우리가 시청에 다 그렇게 하고 세종시도 가고 다 가요, 사무실 때문에 지원 좀 받으려고. [그런데] 안 해주시는 거예요, 저쪽이 먼저니까. 그래서 사단법인을 얼른 만들게 되었고.

그리고 이런 이야기는 해야 될지 잘 모르겠지만, 학교도 그렇고. (면담자 : 단원고요?) 단원고요. 그때[지난 구술에서] 그런 말을 했을 거예요, "불 싸지르고 싶다"라는 말. [그런데] 제가 믿음생활 하면서 좀 내려놨어요, '그러면 안 돼'. 그런데 그렇지 않아요, 지금도 마찬가지예요, 허락하신다면 지금도. 교실도 뺏겼잖아요, 지금도 마찬가지예요, 똑같은 마음이에요. 그러기 때문에, 저쪽 4·16[가족협의회]은 단원고까진 잘 모르겠어요. 그런데 우리는 하나하나 다, 위원장님이 "하나하나 다시 시작하신다"고 그러셨어요. 그래서 저는 너무 감사해요.

면담자　　　다시 시작한다는 건 무슨 의미인가요?

다혜 엄마　　　단원고서부터 시작을 다, 조사를. "다 법 쪽으로 해가지고 우리가 소송을 하겠다"는 거죠. 너무 감사한 거죠, 혼자 힘이 없잖아요(울음). 아빠를 잃고 나니까 제일 문제가 서류를 하는 게 문제였어요, 서류 정리. 내가 가족관계증명서 한 번 안 떼 봤잖아요. 근데 이거 모든 걸 제가 해야 되는 거예요. 그거는 쉽게 얘기하면 그렇게 되는 건데, 너무 힘들었었어요. 서류 이거 아빠 돌아가시면서 모든 것을 다 바꿔놔야 되잖아요. 그런데 그게 제일 힘들었었어요, 그런데 그것도 힘든데 하다 보니까 그것도 되더라고요(울음).

그런데 어느 날 집에 불이 나간 거예요, 전기가 나갔어요. 그런데 우리 집만 나간 거예요, 밤 2시에. 어떻게 할 수가 없어갖고 남동생한테 새벽 2시에 전화하니까 못 온다는 거예요. "누나 119로 신고해" 이러는 거예요. 그래서 내가 전기가 나갔는데 119, 119에다가…. "제가 할 줄 모르니까 오셔주면 안 되겠냐"고 그랬어요. 그랬더니 못 온다고 그러시더라고요. 그래 갖고서 새벽 2시에 죄송한데, 관리실에 전화해 봤더니 "죄송한데, 혼자 있는데" 그때 딸이 어디 여행 갔을 것, 여행 간 것 같아요, ○○이가. 그렇게 혼자 있는데 너무 무서웠어요. "무서운데 한번 와서, 전기 한번만 봐주시면 안 되냐?"고 그랬더니 새벽 2시에 관리소에서 와서, 차단기가 내려갔는데 이거는 일반 차단기가 아닌 거예요. 이상하게 생겼어요, 그러니까 못 한 거예요. 그래 갖고 차단기를 올려주고 가신 그런 것이 어렵고… 지금은 전등도 잘 갈아요.

면담자　소송 때문에도 아버님의 빈자리가 더욱 크게 느껴지시겠어요.

다혜 엄마　그렇죠. 소송 간 것은 아버님들이 많이 도와주세요. 그리고 제가 그때는, 다혜 첫해는 잘 몰랐던 거가 있었잖아요, 법률적으로나 아이들 문제나. 그런데 내가 임원이라는 게 가서 보니까 너무 엄청난 게 많은 거예요, 다 말씀드릴 수는 그렇지만. 그래서 제가 진짜 더 열심히 해서 우리 아이들, 우리 다혜 저기 하게 않기를 바라죠. 그래서 '진상 규명도 물론 필요하지만 그분들한테 다 맡겨놓지는 말아야겠다'는 생각을 많이 했어요. 그런데 아버님들이요, 엄청 똑똑하시더라고요, 아버님들이요.

면담자   중간에 제 생각을 말씀드려서 죄송하지만, 같은 사건으로 발생한 동일한 죽음에 대해서는 배·보상 역시 동일해야 하는 게 맞는 것 같거든요. (다혜 엄마 : 그렇죠) 그리고 지난번 민사소송에서 국가의 책임을 일부 묻긴 했지만 좀 미진했고요. 그래서 이번 소송이 국가의 책임을 다시 물을 수 있는 또 하나의 기회를 얻은 거라는 생각이 들거든요.

다혜 엄마   저도 그렇게 생각을 하는데, 그분들은 왜 '숟가락을 하나 더 얹었다'는 생각을 하는지 잘 모르겠어요. 그분들이 놓치고 간 것을 저희가 다시 시작을 하면서 이렇게 [해야] 하지 않을까요?

면담자   네. 그래서 4·16가족협의회에서 활동하시는 분들의 도움이 있지 않을까 싶어 질문도 드렸던 건데, 실상은 별로 그렇지 못한 거네요.

다혜 엄마   그러니까 "숟가락 하나 얹어놨다. 이전까지 안 했으면서 우리가 다 해놨는데 니네들이 왜 숟갈을 얹어서 왜 가려 하느냐" 이런 말이 참 많이 들어왔었어요. 그런데 그럴 수 있다, 그래 너네들 그렇게 생각[한다면]. 근데 저라면, (가슴을 툭툭 치며) 저라면 그 상황에서 부모들이, 아까 말씀드렸지만 "개개인이 다 틀리다[다르다]"고 말씀을 하셨잖아요.

면담자   개인마다 상황들이 다 다르셨죠. 그래서 배·보상을 받으실 수밖에 없는 분도 있었고요.

다혜 엄마   그런 상황도 있고, 돈에 대한 상황도 있고. 엄마들이

다혜 엄마 김인숙

소극적이라서 거기에[소송에] 못 나설 수 있는 사람도 있어요. 그럼 그렇게 소극적이지 않으신 분도 있잖아요, 그런 분이 왜 못 안고 갔을까요? 그렇게 되었을 때 귀띔이라도 해주셨으면….

　이런 이야기를 들었어요, 저 어제 들었어요. "언니" 제가, 다혜반에서 제가 [나이가] 제일 많잖아요. "언니, 언니 애기를 했어", "왜?" 저는 소송해 가지고 지금 하시는 분도, 저쪽 분들하고도 저는 애기하면, 물어보면 저는 그대로 애기해 줘요. "우리는 이렇게, 이렇게 하고 있어". 근데 그쪽이 애기 안 하시잖아요, 우연치 않게 물어보길래, 어제 우연치 않게 애기를 하게 되었어요, 제가. 그랬더니 "언니" 그래서, "어제 왜 언니 뜨개질 안 왔어?" [제가] '이웃'도 가서 뜨개질 엄청 했어요. 그랬더니 "임원 회의가 있어서 사단법인 만드느라고 서류 준비하느라고 못 갔어" 내가 이렇게 이야기했더니, "알고 있잖아?" 내가 이렇게 애기를 했어요. "응, 알아" 이러더라고요. 나는 내가 소송을 하려고 돈도 냈으니까. "마지막 날 한 시간 앞두고 [배·보상 신청에] 제가 사인을 했다"고 그랬잖아요. [그때는] 아빠 없이는 자신이 없어서, 아빠가 뼈만 남아 있었어요. 그렇게 걸쳐 있을 때 제 눈빛이 그랬어요. 근데 그 상황에서 진짜 자신이 없어서, 내가 한 시간 앞두고 차를 끌고 가서 내가 사인을 했는데, "언니는, 우리 반에서 언니가 제일 안타까웠어. 우리 반에서 다른 분들은 [소송하는데] 돈을 안 냈지만 언니는 돈을 내고서도 안 갔잖아, 언니가" 그러길래 "나는 후회하지 않아". 마찬가지예요. 지금도 후회하지 않아요. 제가 배·보상을 못 받는다고 하더라도 후회하지 않아요. 그 친구한테 그렇게 이야기했어요.

아, 은화 엄마한테도 얘기했구나, 은화 엄마하고 며칠 전에 처음으로 만났어요. "열 번이 그런 상황이 와도 나는 똑같이 그렇게 사인을 했을 거야. 후회하지 않아. 하지만 나한테 다시 할 기회를 주셨잖아. 그래서 그러니까 됐어. 내가 여기서 져도 괜찮아", 내가 그 마음은 있어요. 어떻게 제가 이걸 시작을 하면서 '이긴다'고 생각을 하고 했겠어요. 처음에는 잠 못 잤죠, 저두요. 저도 억울해서 팔짝팔짝 뛰었어요, 피도 마르고. 작년에 제가 많이 아팠었어요, 그 사건, 그거 때문에 그렇다고도 할 수 있고, 아니라 그래도 할 수 없었어요. 피도 많이, 하혈도 엄청 많이 했고. 신우신염이 와서 열흘 동안 입원한 일도 있었고. 그러니까 이게 스트레스가요, 보이지 않게 많이 쌓여 있었어요, 그 일로 인해서. 근데 표현을 할 수가 없었어요. 다른 사람들이 나한테 전화가 와서 "언니, 너무 억울해" 그러면 [제가] 그랬어요, "설마 이 정권이 우리한테 이렇게까지 가혹하게 하지는 않겠지". 그 엄마들한테 그렇게 이야기했어요, 제가. "설마, 부모는 그렇게 한다 하더라도 우리 아이들은 공평하게 문재인 대통령님이 해주시지 않겠냐, 촛불로써 대통령 된 사람 아니냐"고.

제가 그분들한테 [얘기]하면서도 저는 속으로는 무서웠어요, 저도 그분들하고 똑같은 마음이었어요, 저도. 그러면서 그거를 이기지 못해서 그렇게 팔짝팔짝 뛰고 피가 마르고 제가 그랬던 것 같아요. 그래서 작년에 많이 아팠던 것 같아요. 그런데 지금은 이거를 하면서 제가 감사한 게, 다시 한번 저한테 기회를 주셨잖아요. 그래서 감사하고, 진다고 하더라도 아무것도 후회하지는 않아요. 다혜한테 "엄마 열심히 했어. 너네하고 걔하고 그렇게 되었지만 그건 나라에서 잘못한 거고 어른들이 잘못한 거야. 너네들이 잘못한 거 아니야.
엄마도 잘못한 게 아니야"[라고] 말할 수 있잖아요, 걔한테. 그래서
너무 감사해요, 다시 한번 저한테 기회를 주셔서.

면담자   다혜랑 친구들은 같이 있으면서 "이건 또 무슨 일이
래?" 그럴 것 같아요. (다혜 엄마 : 그러게요) '이웃'에 뜨개질하러 가서
만난 그분은 배·보상받으신 분인가요?

다혜 엄마   인[보상받은] 분도 있고 아닌 분도 있고.

면담자   아까 말씀하신 분은 이번에 소송 새로 하시는 분인가요?

다혜 엄마   더 많아요, 소송 간 사람이, 거기서 뜨개질하시는 분
들이.

면담자   개인적으로는 어쨌든 다들 친분이 있는데….

다혜 엄마   친분은 있는데 거리감을 두고 있어요, 보이지 않게. 그
게 좀 속상했었어요, 그게 보이죠.

면담자   그 거리감은 집단과 집단 사이의 거리감이고 개인적
으로는 그렇지 않은 거네요?

다혜 엄마   안 그래요. 그런데 우리 옆집에, 소송은 저쪽인데 그 친
구는 우연히 뜨개질에서 [만난] 다른 반 엄마인데, 만났는데 "언니가 좋
다"면서 잘 챙겨주시더라고요. 반찬을 하면 일 년 내내 열무김치 갖다
주고 이런 엄만데, "나는 언니가 잘됐으면 좋겠어. 언니 지금 하는 일
이, 언니네들이 잘돼서 언니 단원고도 다시 했고". 자기네는 시작이 안
되니까 "언니가 다 했으면 좋겠어" 이렇게 얘기를 해서 "그렇게 될 거"

라고 제가 얘기를 해줬어요. "그렇게 할 거"라고. "차근차근 그렇게 할 거라고" 그러면 그쪽에서는 "언니네만 할 수 있어" 그러고.

교실을 자기네가 비워줬잖아요, 그러니까 안 되잖아요. 저는 어떠한 이유로써 교실을 비워줬는지 그것도 알고 싶어요. 그래서 왜 우리가 교실을, 저는 뺏겼다고 생각을 하니까, '왜 그랬는지 그것도 알아야 된다'고 생각을 해서 기회가 되면 위원장님하고 얘기해서 그것까지도 제가 한번 해보려고 생각 중입니다. 그건 지금 저만의 생각이지만 위원장님하고는, 제가 부위원장이거든요, 같은 생각이라고 생각을 하고 있어요. 우리는 이름만 빌려줬지 일은 아버님들이 다 하고 계셔요.

면담자   "단원고부터 할 거다"라고 말씀해 주셨는데요. 구체적으로 무엇을 하신다는 건가요?

다혜 엄마   교실서부터, 단원고 교실에 대한 것부터 시작했으면 하는 생각이에요, 제 개인 의견으로. 기회가 된다면 학교를 왜 뺏겼는지, 그 성금은 어떻게 된 건지 다 알고 싶어요. 아이들로 인해서 된 거니까. 그리고… '부모는 다 알아야 된다'고, 부모님들이 너무 몰라요. 저쪽도 임원들만 알고 있죠, 부모님들이 몰라요. '똑같이 알아야 된다'고 생각을 해요, 저는. 그래서 기회가 된다면 다 알게끔, 위원장님이 공식적으로. 우리가 지금은 각자 4·16 사단법인이잖아요[으로 나뉘었잖아요], 우리는 '단원고0416 사단법인'이고. 나중에는 다 합쳐질 거 아니에요, 아이들이니까. 우리도 그렇게 생각을 하고 있습니다. 하지만 '그 전에 다 알아야 된다'고 생각해요. 모든 금전, 돈 문제서부터 우리가 진행하는 일서부터. 제가 임원 그런 거 떠나서 저 개인적으로 생각한다 해도 우리 아이들 문제는 다 똑같은, '어느 부모든 다 똑같이 알아야 된다'고 생각을 해요.

면담자   어머님께서 '딴 곳보다도 단원고부터 다시 조사해야 한다'고 생각하시는 이유는 무엇인가요?

다혜 엄마   단원고가, 저는 교실을 그렇게 허무하게 뺀 거가 너무 원통한 거죠. 그래서 단원고부터 시작을 해야 되고. 저는 개인적으로 그런 얘기는 생각해 본 적은, 엄마들끼리 얘기해 본 적은 있어요. 그리고 '여행사도 조사해야 된다'고 생각을 하고. 학교를, 만약에 교실을 여기 와서 안 하고[이전을 안 하고] 그 자리 그렇게 해줬다면은 그래도 덜… 그런 거는. 학교에서 데리고 간 수학여행이고 공부하러 간 거잖아요. 공부하러 간 건데 그래도 학교에서 이 정도는 책임을 지고 가줬으면 [하는 거죠].

그래도 학교에서, 사람은 완벽할 수는 없어요, 누구든지요. [그런데] 그러면은 묻혀지지 않을까…. 우리 아이들[을 위해] 이렇게까지 그 교실 그대로 보존했는데, 우리 아이들 [것을] 다 뺐잖아요. 저는 진짜 알고 싶어요. 물론 "거기 부모님들이 그렇게 했다"고, "재학생 부모님들이 했다"고 그러지만, '그거는 아니라'고 생각해요. 학교에서 얼마든지 설득을 할 수 있고 얼마든지 저기[해결] 할 수가 있었던 상황이라고 생각해요. 그런데 "학교에 가서 [농성]했을 때 엄마들이 자고 거기서 지키고 그러셨다"고 얘기를 해요. 그거는 '엄마들만 희생시켰다'고 생각을 해요, [제가] 참여는 안 했지만.

면담자   그때 어머님은 참여할 수 없는 상황이셨지 않나요?

다혜 엄마   아니에요, 그때는 몰랐어요. 그리고 제가 거기 참여할 수도 없었어요. 왜? 저는 이미 거기서 떨어져 나온 사람이기 때문에 거기 갈 수도 없는 상황이었어요.

면담자   네, 그러셨군요. 학교가 수학여행으로 아이들을 데리고 간 것이니 잘 데리고 올 책임이 있었는데, 책임을 못 진 상태에서 책상까지 빼게 한 게 더 화가 나시는 거죠?

다혜 엄마   그런데다가 학교가 교실까지 뺏었잖아요, 책임을 마땅히 물어야죠.

면담자   학교에 책임을 물은 후, 다음 단계는 생각해 보셨나요?

다혜 엄마   그거는… 거기까지는 제가 아직은 못 했어요. 분노가 학교가 치우쳐 있었기 때문에 차근차근해 가면서….

면담자   네, 알겠습니다.

4
소송 취하 시점의 남편의 사망

면담자   아버님은 어머님이 소송을 안 하기로 했다니까 "잘했다"고 말씀해 주셨잖아요.

다혜 엄마   사인하고 와서, 네. 손잡고 "사인했어" 이렇게 얘길 했더니 "잘했어".

면담자   지금 생각해 보면 그때 아버님은 어떤 의미로 그렇게
말씀하셨을까요?

다혜 엄마   그분은 '제가 감당할 수 없었다'고 생각을 할 거예요.
아이 때문에 제대로 울지도 못하고, 아빠가 그렇게 되어 있으니까 울
지도 못하고 그런 상황인데. 자기 그렇게 가는 그거를 지켜보는 내
가, 다혜 그 문제까지 끌고 가면 너무 버겁지 않을까…, 그래서 잘했
다고 그러지 않았을까.

　　다혜 아빠는, 전에도 얘기했는지 모르겠지만 죽음에 대해서 저
한테 얘기를 해줬어요, 내가 가면 어떻게 할 건지. (면담자 : 말씀 안
해주셨어요) 안 했어요? 제가 어느 날 삼성병원을 갔는데요, "며칠 안
남았다"고 했었잖아요. "얼마 안 남았다"고, "6개월도 안 남았다"고
저한테 따로 불러서 말했는데 아빠가 눈치 못 챘겠어요? 저 따로 부
르면 당연한 거잖아요. 그때부터 저한테 얘기하는 거예요. "영월은
어떻게 할 거야?", "뭐는 어떻게 할 거야?", "○○이하고 어떻게 할
거야?", "다혜 문제는 어떻게 할 거야?" 또 친구들도 불렀어요. 단원
고 같은 반에 아빠 친구가 있어서 그분도 따로 불러서 나한테 "나가
라" 그러고 그분하고 한두 시간 얘기하고. 그러고 나서 저녁에 돌아
가셨거든요.

　　근데 나는 그분한테, 그분이 윤희 아빠예요, 물어봤더니 안 가르
쳐주더라고요. 그래서 내가 뭘 어려워요, 그 '다혜 일이 그렇게 마무
리 안 되니까 다혜 일 부탁했겠지' 그러고 말았지만 친구들한테 그

거 부탁하고. 6개월 전부터는 저하고 얘기할 때 "영월에 어떻게 할 거냐?" 그래서 내가 대답을 다 해줬어요. 내가 "농사 못 지으면 팔게" 그렇게 대답, 웃으면서 대답해 줬어요(울음). "그럼 ○○이하고 어떻게 살 건데?" 이렇게 물어봐서 "처음에는 힘들겠지만 사는 데까지 살아볼게" 그렇게 얘기하고. 아빠가, 제가 신앙생활을 안 했어요. 저는 교회를 별로 안 좋아했으니까, 매어 있는 그게 싫어서 안 좋아했었는데 아빠가 영월에 가서 "교회를 다니자"고 얘기를 하더라고요, "같이 다니자"고. 그래서 아빠… ○○이, 다혜 아빠 때문에 제가 교회를 다니게 되어서 아빠하고 거진 6개월을 신앙생활을 한 것 같아요. 그거에 대해서도 얘기하고, "신앙생활 잘하겠다"고도 얘기하고.

그래서 얼마 안 남았는데, "병원에서 한 달도 안 남았다"고 그랬을 때 제가 안산으로 안 왔어요. 거기서 1인실, 영월의료원에서… 다혜가 천국에 있잖아요(울음). 저희는 신앙생활 안 했잖아요. 그러면 아빠가 천국에 못 가잖아요, 그래서 아빠가 거기서 교회를 다녔잖아요. 담임목사가 있잖아요, 그러니까 '임종할 때 담임목사가 있어서 기도해 주면 혹시나 천국에 가서 다혜 만나지 않을까' 그 소망으로 영월에서 있는데, 목사님이 하루 맨날 와서 성경책을 읽어주셨어요. 얼마 안 남았으니까 맨날 힘들어하고, 한 4일 전에는 너무 힘들어하시는 거예요. 잠을 못 주무시고 그래서 제가 4일 동안 기도했어요. "다혜한테 가라"고, "괜찮다"고 "가라"고 그렇게 4일을 기도했는데 ○○이 보고, "친구들 오라" 그래서 보고. 그리고 목사님 기도 속에, 담임목사님이 안 오시고 다른 목사님이 우연치 않게 병문안 왔다 기도받고 그러고 10분 있다가 돌아가셨어요, 감사하게. 다혜

다혜 엄마 김인숙

못 만날까 봐…(울음).

면담자   내심 걱정 많으셨을 텐데요.

다혜 엄마   엄청 컸어요, 그게 많이 불안했거든요.

면담자   아버님은 원래 신앙생활을 하셨나요?

다혜 엄마   안 하셨고, 저는 가끔가다. 아빠가 아팠었잖아요. 절
에 갔었어요, 아빠 몰래. 아빠가 싫어했었어요. 그래서 아빠 몰래 절
에 갔었어요, 가서 108배도 하고. 아빠가 아프니까. 그때는 가게를
하고 있었으니까 가게 끝나면 절에 가서 아빠 몰래 가서 기도하고.
다혜도 삼우제 있잖아요, 지장사에서 해줬잖아요, 그때 거기서 했어
요. 근데 아빠가 "교회 가고 싶다"고 그렇게 얘기해서 제가 다 내려놓
고 그때부터 신앙생활을 했어요.

근데 그것도 아빠가 '안목을 보고[앞을 내다보고] 그러지 않았나'
이런 생각을 하는 거예요. 영월도, 저를 데리고 간 것도 저를 '내가
여기에 있었으면 미쳤지 않았을까. 그래서 영월을 저를 데리고 간
거 아닌가' 하는 생각을… 뒤돌아봤을 때. 그리고 신앙생활도 아빠
가 그렇게 만들어서, 나를. 신앙생활을 하지 않았으면 많이 힘들었
을 것 같아요, 사는데 제가 많이. 그러고도 아빠가 가고서 정신과 약
도 먹고 수면제도 먹고 살고. 믿음으로 버텨내고 아빠 보내놓고 한
1년은 제가 정신과 치료를 어느 정도, 약을 먹었던 것 같아요.

면담자   새로 시작한 신앙생활이 도움이 되셨나요? (다혜 엄마 :
그렇죠) 아버님의 안식을 주로 기도하시나요?

다혜 엄마　　　아니에요. 물론 그것도 있었지만, 천국에 있는 딸. 저는 그렇게 얘기해요, 지금도. "물론 하나님이 계시지만 저는 천국에 있는 내 딸을 보는 게 제 소원입니다" 그래서 신앙생활을 시작했지만 "그 마음이 먼저"라고 얘기를 해요, 지금도 목사님한테도. 제가 신앙생활이 그거는 변하지 않을 거예요. 그래서 그걸 제가 아빠 보내놓고도 '아빠도 그런 게 있어서 저를 데리고 신앙생활을 하지 않았나' 이런 생각을 했어요.

면담자　　　신앙생활을 하는 게 어머님께 어떤 도움이 되었나요?

다혜 엄마　　　제가 매달릴 데가 없었잖아요, 제가 어딘가가 매달려야 되잖아요. 저를 얘기할 수 있고, 내 얘기를 할 수 있고. 가끔가다가 숨을 못 쉬었어요, 제가. 지금 엄마들이, 숨을 못 쉬는 엄마들이 잘 있거든요. 그러면 제가 붙들고 기도하고, 진짜 힘들면 목사님 붙들고 울고. 제가 신앙심이 깊지는 않은데 그렇게 제가 매달릴 수가 있으니까. 그러면서 신앙생활을 하면서 하나님이 제게 지혜를 주시더라고요. 제가 기도하는 제목은 그래요, 천국에 있는 제 딸 보고 싶고, 우리 ○○이, ○○이를 위해 기도 많이 하고. 그래도 제가 건강해야 ○○이를 지킬 거 아니냐고, 다혜한테 가서 주로 말하는 게 "엄마가", 신앙생활 하면서도 그렇게 얘기하는데, 엄마가 다혜한테 가서 제일 많이 하는 말이 "언니 잘 보필하고, 언니[에게] 잘하고 있다가 너한테 갈게". 저 지금 가도 괜찮아요, 다혜만 볼 수 있다면. 근데 이제 28살인 우리 ○○이…….

　　　(울먹이며) [그런데] 우리 다혜가 그런 걸 허락하지 않을 것 같아

요. 언니하고 잘 있다가, 아프지 말고 잘 있다가 그러고 지한테 오면은 그렇지 않을까…. 작년에는 너무 보고 싶은 거예요(울음). 아침에 왜 그 "방바닥을 기어 다닌다"고 그러잖아요, 사람들이. 너무 보고 싶어 가지고 막 그래. 그랬는데 잠깐 잠이 들었어요. 제가 또 울다가 잠이 들었는데 아빠가 꿈에 보이는 거예요. 양복을 입었는데, 하얀 와이셔츠를 입었어요. 근데 아빠가 어딜 가는데 나를 안 태워가지고 가요. 그러더니 내가 막 짜증을 내니까 ○○이를 데려다가 오른쪽에 탁 앉혀놓는 거예요. (면담자 : 아버님이 ○○ 씨를요?) 네, 어디 가서 데려다가, 그러더니 또 가시는 거예요. 그러더니 다혜를 업어다가 제 가슴에 안아[겨]줘, 8살 먹은 다혜를. 그러고 저를 이렇게 쳐다보는 꿈. 내가 쪼그리고 앉아갖고서 펑펑 우니까, 우리 다혜를 막 입 맞추고 그러니까 위에서 이렇게 쳐다보는 그런 꿈을 꿨어요, 제가. 그러고 나서 아직까지 아빠 꿈을 안 꿨거든, 다혜 꿈도 안 꿨거든요. 어제인가 그제인가 "엄마, 아빠는 아무 말 안 하는데 다혜랑 나랑 많이 싸웠어, 꿈에" 그저께 [다혜] 언니가 얘기를 하더라고요. 그래서 "다가와서 그렇지" 내가 그냥 그러고 말았어요. 언니한테는 "다혜가 우리한테 온 날이 다가와서 그렇지", 5월 3일 날 와서, 5월 4일 날 저한테 왔으니까 "그날이 다가와서 그렇지" 내가 그러고 말았더니 언니가 그냥 암말 안 하더라고요.

면담자   그동안 다혜 꿈은 자주 안 꾸시고요?

다혜 엄마   네, 안 꿔요. 아빠 꿈은 잘 꾸는데 다혜 꿈은…. 그날 너무 보고 싶어 아빠가 업어다, 안아다 업어다 안겨주는 꿈. 그러다가 내가 막 입 맞추고 그러다가 깼어요, 얼마나 보고 싶었으면.

면담자   교회에는 매주 나가시는 거죠?

다혜 엄마   주일은 거진 다 나가고, 수요예배는 가끔 빼먹고. 잘 안 빼먹는데 저는 다혜로 인해서 힘들면은 많이 빼먹고. 오늘도 이거 끝나고 속회예배 있어요.

5
아이의 장례 과정과 상실로 인한 후유증

면담자   지난번 구술에서 다혜를 찾고 장례를 치르는 과정에 관한 얘기가 빠져 있어서 여쭤보겠습니다. 다혜를 찾은 후에는 바로 안산으로 오셨나요? (다혜 엄마 : 헬기로 왔어요) 그리고 바로 장례식장으로 가셨나요? (다혜 엄마 : 네) 어디 병원이었죠?

다혜 엄마   고대병원이요.

면담자   그때 기억나시는 게 있으세요?

다혜 엄마   그럼요, 맨날 운 것밖에 없어요. 아빠가 [다혜를] 안 보여주려 그래서 "괜찮다"고, " 엄마니까 괜찮으니까" 다 안 보여줬어요, 아빠만 보고. "엄마니까 다 괜찮으니까, 내가 엄마인데 어떠냐"고, "한 번만 보여달라"고. 동생들이 등치가 크니까요, 제 마음대로 못 움직여요. 번쩍 들어다 여기 들어다 놓고 번쩍 들어다 여기다 갖다 놓으니까. 그래서 사정을 했더니 그날 입관하는 날 보여줬어요. 울고불고 하니까. 10분도 안 보여주지 뭐. 다 했는데 그냥 봐도 내 딸이고, 그냥 먼 데서 봐도 내 딸이고 그렇더라고요(울음).

면담자　　다혜를 본 것은 그때가 마지막이셨던 거죠? (다혜 엄마 : 그렇죠) 다혜를 화장해서 보내주셨을 텐데, 그때 다혜 물건도 같이 보냈나요? (다혜 엄마 : 다 있죠) 다혜랑 같이 보낸 것은 없는 거예요?

다혜 엄마　　그거는 제가, 다혜 찾았을 때 사건 얘기해 드렸어요? (면담자 : 네, 그 얘기는 해주셨어요) 그 얘기할 때 저는 못 봤는데, "저를 수면제 먹고 재웠다" 그랬잖아요. 언니가 [다혜를] 확인을 했잖아요, 근데 맨발이었대요. 다혜를 데리고 와보니까 영정 사진을 꾸몄잖아요, 거기 신발이 와 있더라고요. ○○이가 친구들 시켜서 신발을 사다 놓은 거예요, 벌써 앞에다가 다혜가 제일 좋아했던 운동화를. 그건 잘 모르겠어요, 생각이 안 나는데 다혜 운동화… 지금도 다혜 운동화도 있거든요. 처음에는 도보 [행진] 할 때 다혜 운동화를 제가 신고 다녔어요, 근데 닳잖아요(울음). 그래 가지고 지금은 다 빨아갖고 그냥 놔뒀어요, 신발장에. 그 전에는 '엄마하고 같이 다니는 거야' 이래서 신고 다녔는데, 아차 싶은 거예요. '닳는다'는 생각을 안 한 거예요, 그래서 지금은 빨아서 뒀는데. 그때도 와보니까, 제가 고대병원을 고집했어요. 그때 고대병원에 사람이 빠지기 전에 제가 오게 되니까 미처 정리를 못 한 상태에서 우리 다혜가 도착을 했어요, 헬기로 왔으니까. 아침에 11시에 다혜를 제가 인계받았잖아요, 제가 다혜를. 그리고 거기 팽목에서 119에서 와가지고 거기 팽목[진도]체육관에서 제가 헬기로 왔어요, 안산으로. 그래서 시간이 얼마 안 걸렸잖아요.

면담자	다혜랑 같이 헬기를 타고 온 거예요?

다혜 엄마   아빠, 다혜, 이모까지. 무서웠어요(울음). 저 헬기를 다혜 때문에 두 번 탔어요. 빨간 헬기도 타고 출렁배도 탔다가. 내가 얘기했죠? 군함도 타고, 우리 다혜가 별걸 다 시켰어요. 무서웠어요. 이게 문을 열어놓잖아요, 그런데 이게 바람이 [불어서] 출렁 떨어지는데 무서웠어요. 그래 갖고 와갖고 오니까 [빈소가] 미처 안 꾸며져 있었어요. 그래 갖고 앉아서 울었는데, 너무 우니까 우리 ○○이가 맨날, 저를 달랠 수 있는 사람은 ○○이밖에 없었잖아요. 그러면 우리 ○○이가 "우리 엄마 냅두라"고, "우리 엄마 내가 알아서 할 테니까 냅두라"고 그런 거 같아. 그래서 신발 정리해 갖고 장례 치르고. 그리고 나서 사람들은 장례 치를 때 이런 얘기, 저런 얘기 엄마들이 하잖아요. 너무 미안한 거예요, 저는 완전 운 것밖에 없어요. 아이가 뭐를 입고 보낼 것인지, "아이 유골함은 뭔지 엄마들은 다 확인했다"는 거야. 저는 앉아서 울은 것밖에 없어요, 그냥 앉아서 맨날 울었어. 근데 엄마들을 만나면은 "뭐 했어, 뭐 내가 봤어" 이게 더 나은 건지 저게 나은 건지. "봤다"는 얘기를, "골랐다"는 얘기를 하는데, 저는 맨날 앉아서, 철퍼덕 앉아서 맨날 울은 거예요. (울먹이며) 아무것도 해준 게 없는 거예요, 걔를 위해서 내가. 근데 언니가 신발을 보낼 때 차에서 내려보니까, 다혜를 데리고 화장터를 데리고 가잖아요. 언니가 다혜가 가장 좋아했던 과자래요, 그거를 거기다 두 개 얹어놨더라고요. 그리고 신발, 그 신발을 위에 얹어져 있었어요. 저는 그것도 생각 못 했어요. 그리고 제가 안고 왔어요, 데리고요(울음).

면담자	다혜는 지금 어디 있나요?

다혜 엄마   하늘공원에 있습니다, 아빠가 서호에 있었잖아요, 처음에는. 다혜도 서호[추모공원]에 있었어요, 평택에. 아빠 장례 치르고 일주일 있다가 제가 데리고 왔어요(울음). (면담자 : 그러면 아버님도?) 하늘공원에 있어요. 근데 그것도 힘들더라고요. 거기서 유골함을 찾아갖고, 제가 안고 안산으로 데리고 오는데, 아시는 목사님이 운전해 주셔갖고 안산에 데리고 왔는데 그때도 진짜 많이 울었어요.

면담자   지금 다혜랑 아버님이 가까이 있나요?

다혜 엄마   아빠는 위에 있고, 다혜는 애들하고 같이 있어요. 같이 있을 수는 없죠. 근데 내가 그냥 아빠 보러 가면서, 다혜랑. 아빠는 옆에 있으니까 어차피 아이들 쪽에 같이 있으니까 같이 놨어요.

면담자   다혜도 친구들하고 가까운 쪽이 더 좋을 거예요.

다혜 엄마   많이 싸웠어요, 아빠하고(웃음).

면담자   다혜 장례를 치른 후에는 계속 집에 계셨나요?

다혜 엄마   아빠가 그러고 며칠 얼마 안 남았었어요, 생애가. "다혜 장례 치르고 언니 때문에 힘들어서 이사했다"고 그랬잖아요. 이사하고 병원에 갔는데 아빠가 별로 시간이 안 남았어요. 그래서 그대로 영월로 들어갔어요. 그래서 아빠하고 영월에서 농사 지내면서 1년 보낸 것 같아요. 지금 생각하니까 그 힘든 우리 ○○이를 혼자 놔뒀다는 게, 나는 그래도 아빠하고 같이 있었잖아요. 그런데 우리 ○○이는 혼자 놔뒀어요. 너무 미안한 거죠, 그 상황에. 영월에 울고불고 전화 왔을 때도 너무 미안했었고…, '어차피 그렇게 안 남았으면 영월에 가지 말았어야 됐지 않았나' 생각도 하고. 그런데 그래도 더 살기를 원해서, 영월에 갔을 때는 제가 3, 4년 더 살아주길 바라면서 ○○이를 그렇게 혼자 놔두고 갔잖아요. 걔도 얼마나 힘들었겠어요. 집에 들어오면 갑자기, '넷이 있다가 지 혼자 남겨진 그거에 대한 거에 많이 걔도 힘들었을 거고, 많이 울었을 거'라 생각해요. 그래도 고맙게도 지금 잘 버텨주고… 저는 잘 모르는 줄 알았어요, 우리 딸이 잘 얘기를 안 해서. 그런데 지금은 얘기를 해요. 엄마가 다혜 때문에…….

우리 ○○이가 엄마 보면 하는 말이 있어요, 아침에 보면, 저녁일 들어가면 "엄마 내일은 어떻게 어떻게 하고 하루를 보낼 거야?" 이게 첫마디거든요. 아침에 일어나면 출근할 때 "엄마, 오늘은 어떻게 어떻게 어떻게 하루를 보낼 거야?" 걔가 나한테 얘기를 하는 거였어요. 그래 갖고 내가 에피소드도 있었어요. 내가 문재인 대통령 선거할 때 그거 얘기했어요? (면담자 : 말씀 안 하셨어요) 우리 ○○이가, 엄마가 혼자 있으면은 제가 정신이 좀 많이 없잖아요, 지금은 조금 나아졌지만. 기억상실증 같은 게 있고 장애 같은 장애가 있고. 분노 장애는 믿음생활 하면서 많이 가라앉았고. 근데 그때 대통령 선거할 때도요, 우리 ○○이가 맨날 물어봐요. "엄마, 오늘은 어떻게 어떻게 하고 어떻게 할 거냐?"고, 그리고 "몇 시쯤 집에 들어올 거냐?"고 "집에 있지는 말라"고 얘기를 했어요. 그날도 목사님을 만나서 다혜한테 갔다가 오다가 '투표를 해야지' 갑자기 이런 생각이 드는 거예요, 선뜻. 그래 가지고 투표를 하러 가는데 우리 ○○이가 나한테 "오늘 뭐 할 거야?" 그래서 내가 "그냥 아무것도 안 할 거야" 이렇게 했는데 내가 문재인 대통령 탁 찍고요, 거기서 이거 인증샷 [숏]을 딱 했어요. 걸렸죠. 동사무소에서 인증샷 이거 못 찍게 되어 있잖아요. 그런데 저는 잊어먹는 거라는 게 있잖아요, 장애가. 다른 데 또 불러갔어요, "왜 그걸 찍었냐?" 그래서 나는 그대로 이야기했죠. "아무 생각이 없이 찍었다"고, "지웠다"고 그랬더니 어쩌구저쩌구 얘기해요, "알았다"고 그러고. 한참 혼나고 나왔어요. 지금 그 정도는 아닌데, 지금도 많이 기억을 잘 못하고. 생활에 문제는 없고요. 만약에 어딜 간다든가 문서상에[서류 제출하러] 간다든가, 그러면 제가 문서에 대한 거는 집에서 다 [준비]해 가지고. 거기서 내가 당황을 하게 되면 심각한 문제가 생기니까 그때는 제가 미리 서류 준비한다든가 하면 제가 꼼꼼하게 집에서 준비해 갖고 그렇게 나가요.

6
신앙생활과 유가족으로서의 간증 경험

다혜 엄마   작년에 믿음생활 하는데요, 교회에서 "나를[는] 죽고 예수를[로] 살자"는 말, 구호가 있었어요. 그런데 처음에는 그 말뜻을 잘 몰랐어요. '나를 죽고 예수를 살자? 어떻게 나를 죽여?' 내가 목사님 설교 말씀에도 '어떻게 나를 죽여?' [그런데] '그게 저를 내려놓으라는 방법이었어요. 그래야 제가 산다'는 말이에요, '저를 자꾸만 내려놔야지 제가 살 수가 있다'는 말이에요. 나를 죽이고 예수를 사는 건, 믿음생활 말씀에 그 뜻을 어느 순간 되니까 '아, 이게 이 말씀이었구나' [알았어요]. 그래서 왜 분노 [조절] 장애가 있으면은 화를 잘 내잖아요. 그게 어느 날서부터 없는 거예요, 제가. 지금은 많이 그런 것을 없어졌어요, 화를 누르는 거죠.

그리고 제가 교회에서 간증을 한 번 했었어요. 암암리에 제가 가족이라는 건, 남편을 잃고 세월호 유가족인지는 목사님은 알고 있는데, 세상에 비밀이 없더라고요. 제가 목포에 가서 인터뷰를 했는데 어느 분이 보셨어요. 그래 갖고 우연치 않게 쉬쉬해서[하다가] 알게 되었는데, 아마 목사님이 저를 위해서 그렇게 하셨을 거라고 생각을 해요. 제가 막 웃지도 않고 그러니까, 말만 하면[유가족이라 말만 하기에는] 목사님이 그러니까 "〈오두막〉이라는 영화를 한번 보라"고 전 교인한테 얘기를 하셨어요.

"〈오두막〉이라는 영화를 한번 보라"고 그래서 제가 다운을 받아서 〈오두막〉이라는 영화를 한번 봤어요. 처음에는 그냥 울었어요. 목사님이 "세 번은 보라"고 얘기를 하시더라고요. 앉아서 보는데, 그게 저더라고요, 그 영화를 보는데 그게 저였더라고요. 처음에 볼 때는 그냥 울었어요. 그다음에 두 번째 볼 때는 그 내용에 대해서 조금 보이게 되잖아요. 세 번째 볼 때는 그 내용을 목사님이 왜 저한테 보라는 것인지를 알게 되었어요. 왜 나한테, 그분이[주인공이] 자식을 잃고 죽음에까지 갔었어요. 죽으려고 권총을 대면서 하나님을 만나는 그런 영화예요. 그래서 그 환상 속에서 천국에 있는 자녀를 보여준 거야. 딸을, 너무 사랑하는 딸을 잃은 거예요, 그분이. 그 환상 속에서 딸을 보여줬어요, 천국에 있는. 그러면서 다시 화해해서 가정이 이제 행복한 그런 영화였었는데, 그 영화를 보고 나서 그 주에 저녁때, 오후 예배 때 "영화의 줄거리를 얘기하라"고. 얘기하는 과정에서 목사님이 저한테 간증하길 원하는 거예요.

그래서 '그래, 하나님의 길이라면 내가 간증한다' 했는데 말도 제대로 반도 못 했어요. 제가 거기서는 "제가 김인숙 집사지만, 저는 김인숙 집사인 것보다도, 단원고 9반 정다혜의 엄마"라고 얘기를 했어요. (울먹이며) "저는, 저는 집사님이라는 그 호칭보다 다혜 엄마라는 그게 더 좋다"고 그러면서 제 얘기를 했어요. 제가 어느 날 자식을 잃고 팽목에서 그렇게 있다가 제가 18일 만에 다혜를 찾아갖고 왔잖아요. 그거 사건을 얘기를 해주면서, 그리고 중간에 합병으로 인해 남편을 잃고 제가 하나님을 만난 거잖아요. 남편이 중간을 매개해서 하나님을 만나서 제가 신앙생활을 하고. 지금 어떻게 되었든지 우리 큰딸하고 살려고 노력을 하고 있잖아요, 잘 살려고, 재미있게 살려고 그렇게 노력하는 그 과정을.

저는 간증을 하고 나니까 제가 교회에서 웃을 수가 있는 거예요. 지금은 제가 웃고, 제가 하고 싶은 얘기 다 하고. 그 전에는 그렇게 안 했어요, '저 사람이 자식 잃고, 남편 잃고 저렇게 할 수 있어?' 이렇게 저한테 생각을 할까 봐 잘 행동을 못 했었어요. 근데 지금은 그렇지 않아요. 내가 하고 싶은 얘기, 교회에서 내가 할 수 있는 거, 봉사활동 할 수 있으면 봉사하고, 웃고 있으면 커피 먹고 농담도 하고. 그렇게 자유롭게 이렇게 한 거예요. 그래서 목사님이 '아, 목사님을 통해서 하나님이 나한테 이렇게 해주신 거구나' 그렇게 제가 간증을 했었어요. 그런 적도 있었어요.

면담자   목사님의 말처럼 간증을 하면서 (다혜 엄마 : 더 죽인 거죠) 슬픔과 억울함은 물론 여전하겠지만, 그래도 좀 더 예수님을 생각하게 된 건가요?

다혜 엄마   좋은 쪽으로 생각을 해요. 예수님 쪽이라는 거보다도, '그럴 수 있어. 입장 바꿔 생각을 해봐'. 내가 그분의 입장이 아니잖아요. 제가 저번에 간증[구술]했을 때 제 친구가 자식 잃었다는 간증을 했었을 거예요, 여기에. 그때 그 친구가 자식을 잃고, [슬픔을] 몰랐잖아요, 제가 몰랐어요. "제가 다혜 장례 치르고 나서 제일 미안했던 사람이 그 친구였다"고 얘기를 했잖아요. 그래서 그 친구한테 "너무 미안하다. 잘못했다"고 내가 그런 이야기를 했었을 거예요. 그러니까 그거는 사람들이 그래요, 이렇게 얘기를 하면. 제가 '입장 바꿔'라는 말을 참 좋아합니다. 저는 자식을 잃고 '입장 바꿔'라는 말을 엄청 좋아해요. 왜? 그 입장은 아무도 몰라요. 제가 자식을 잃고 얼마나 아픈지 모르시잖아요. "겉보기에는 씩씩하고, 웃고 이렇게 하니까 잘 있어 보이죠? 제 속은 냄새납니다" 이렇게 얘기를 하죠. 그 대신 그분, 반대[하는] 분한테 그래요. 나는 그 앞에 있는 그분한테 내 아픔을 알으라는 말을 하지는 않아요. "그 아픔이 얼마나 아프니까, 그래서 그 아픔을 알길 원하지 않는다. 그러니까 [대신] 입장 바꿔서 '얼마나 아플까' 조금만 이해를 해달라"고는 얘기를 해요. 상대방은 아프길 원하지 않아요, 너무 아프니까. 그래서 얼마 전에 그 친구한테 이런 걸 물어봤어요, "지금도 아프냐?"고. 내가 너무 아파서, 그 친구한테 전화해서 "지금도 아프냐?"고. 그 친구가 그러더라고요 "아프지, 왜 안 아프냐". 그래서 내가 "난 너무 아프다"고 그러면서 전화 끊은 적이 있었어요(울음).

면담자   ○○ 씨도 신앙생활 같이하나요?

다혜 엄마   처음에는 했었어요, 같이. 아빠가 원했으니까, 아빠가 살아 계실 때 같이 셋이서 교회를 갔거든요. 그런데 3교대다 보니까 목사님이 나한테 "실수했다"고 그러세요(웃음). 3교대다 보니까 아침에 와서 자는 거를 "교회 가자"는 말 못 하겠더라고요. 그랬더니 이제는 안 가요. 그래도 '엄마가 교회에서 믿음생활 잘하고 그렇게 하면 언젠가는 따라와 주지 않을까' 이렇게 생각하고 있어요.

면담자   ○○ 씨가 의연하고 마음이 넓은 것 같아요.

다혜 엄마   그런 것 같지는 않아요, 부모가 봤을 때는. 이런 이야기를 하더라고요. "나는 엄마가 나가면 불안하다"고, "어느 날 혼자가 될까 봐". 그래서 그거를 엄마한테 "오늘 뭐 해? 오늘 어떡해?" 그런 것 같았어요. 엄마가, 제가 언제 어디를 가서 잠깐 연락이 안 됐었어요, 핸드폰이. "엄청 불안했다"고. 그런데 혼자 남겨질까 봐 그런 것 같아. 그런데 지금은 조금은 그거는… 사람들이 저한테 "괜찮아 보이고 씩씩해 보이고" 이런다 했을 때 우리 딸도 그러지 않을까. 그래서 저는 그런 거 잘 안 물어보고 "오늘은 엄마가 다혜 때문에 세종시를 갈 거야. 가서 몇 시까지 오고 저녁까지 올 거야" 이렇게 얘기하고, 오늘은 어디 가면 "엄마, 다혜로 인해서 어디 갈 거야" 그러면 "갔다 와" 그렇게 얘기를 하고 있어요. 숨기지 않아요. "다혜 때문에 어디 갈 거야" 이렇게 얘기를 해요. 그러면서 여행을 다니면, 작년, 재작년부터 여행을 가요, 제 생일 때 되면. 작년에는 둘이 일본을 갔는데 "엄마, 이 자리에서 다혜가 있었으면 또 이렇게 얘기했겠지, 엄마가 실수하는 부분에 대해서?" 또 "다혜가 엄마한테 이렇게 이야기했을 거야" 스스럼없이 옆에 있는 것처럼 그렇게 얘기를 해요. 그러면 그 냥……. 몰라요, 근데 감추면서 "맞아, 그럴 거야" 그냥 그렇게 하고 말아요. 내가 울면 우리 ○○이가 아프잖아요.

7
가장 걱정되는 점과 앞으로의 생활에 대해

면담자　현재 어머님께서 가장 걱정하는 게 혹시 있다면 어떤 걸까요?

다혜 엄마　제가 건강을 잃을까 봐. 제가 건강하지 않으면 우리 ○○이를 지켜주지 못하니까. 제가 건강하지 않거든요. 그래서 그게 가장 걱정돼요, 제가 건강해야 돼서.

면담자　신앙생활 하시는 게 심적으로 도움이 될 테니 건강에도 도움 되지 않을까요?

다혜 엄마　음, 건강을 챙기는 거에 도움이 되는 것이 아니구요. 제가 살아가는 데, 제가 똑바로 살잖아요. 똑바로 산다는 말은 여러 말이[의미가] 있겠지만 부끄럽지 않게, 남한테 손가락질, '저 사람 자식, 남편 잃고 왜 저래?' 이런 소리 안 듣게 그렇게 살잖아요. 신앙 안에서 그렇게 살 것 같아요.

면담자　이 참사를 겪지 않았다면 어땠을까요?

다혜 엄마 김인숙

다혜 엄마　　　참 도도해졌을 것 같아요. 제가 이런 일이 없었으면 따지기 좋아하고, 제가 성격이, 제가 그런 게 있으면 하고 싶은 말 다 하고. 하고 싶은 말 다 하고 거침없이 살았을 것 같아요. 근데 지금은 그렇지 않아요. 나를 더 내려놓고 '그럴 수 있어' 그 사람 입장 한 번 더 생각해 보고. 그 사람이 왜 그렇게 말했을 때 내가 마음에 걸리면 탁 쳤었어요, 그 전에는. 근데 지금은 그렇지 않아요. '왜 그렇게 얘기해?' 그래서 '어, 그래? 어, 그럴 수 있어' 그러면서 그거에 대한 것을 제가 설명하는 편이에요. "그렇지가 않아, 이거는 이런 말이야" 이렇게 설명을 하죠. 그쪽이 알아듣게끔 설명을 해주고 좋은 쪽으로 나가는 거죠, 제가 화도 잘 안 내고. 그러면서 그렇게 변했던 것 같아요. 저한테 "착해졌다"고 얘기를 하더라고요, 쉽게 얘기를 하면 착해졌대요(웃음). 그런데 그래서 착해진 게 아니라, 내가 살려고, 내가 살아야 우리 큰딸을 지켜주니까 그런다고 그러죠. 큰딸을 지켜주잖아요. 우리 ○○이, 다혜한테 부끄럽지 않게. 그게 제일 첫 번째에요, 부끄럽지 않은 엄마. 저번에 어디 서울 갔다 와서 제 책, 혜선이 엄마 책 낸 거 아시죠?

면담자　　　『그리운 너에게』 말씀이시죠?

다혜 엄마　　　네, 그거 쓰고 너무 많이 울었어요.

면담자　　　부모님들이 그 책에 많이 참여하셨죠. 어머님은 무슨 내용 쓰셨어요?

다혜 엄마　　　나는 있는 그대로 짤막하게 썼어요. 살도 안 붙이고, 이렇게 시도. 그런데 그날 첫해라고 얘기를 해서 갔었어요, 제가 엄마들하고, 우리 반 엄마들하고. (면담자 : '북 콘서트' 말씀하시는 거죠?)
네, 첫 번째 종로에서 했을 때 갔다 와서 너무 많이 울었어요. 우리
다혜한테 너무 미안해서 울었어요. 나는 그 편지가 그렇게 중요하다
고 그렇게 생각하지 않았는데, 엄마들이 편지를 읽었는데 완전히 시
인 거예요. 그러더니 나는 마지못해 읽었고 책에 들어갔는데, 그냥
마지못해서 사는… 죽지 못해 나는 살아요. 나는 그냥 있는 그대로
그것만 써서 준 거예요. 나는 그게 편지라고 생각한 거예요, 아무 생
각 없이요, 써달라니까(울음). [그런데] 그날 가보니까 너무 부끄러웠
어요. 다른 사람한테 부끄러운 게 아니고 내 딸한테 너무 부끄러웠어
요. (울먹이며) 엄마가… 엄마가 그 정도밖에 안 되나 싶어서 너무 부
끄러웠어요, 우리 딸한테. 그래서 와서 엄청 울었어요.

그때 "왜 우냐?"고 그러더라고요, 우리 딸이, ○○이가. 그래서
얘기를 했어요. 그랬더니 우리 딸이 "엄마, 두 번 다시 그런 데 가지
마", "왜?" 그랬더니 "엄마, 다혜가 얼마나 지금 화가 나 있을까? 엄
마 이 상황을 보면. 엄마는 엄마 마음을 쓴 거잖아. 다혜가 그리워서
뭐 해서, 잘 못 썼든지 말든지. 근데 그분들이 살을 붙이고 시같이
썼어. 그게 창피해 갖고 다혜 그거에서 울은다면[운다면], 난 그건 아
니라고 생각한다"고, "엄마, 우리 다혜는 두 줄을 썼든지 한 줄을 썼
든지 엄마 마음을 썼기 때문에", 그래서 "그분들도 엄마 마음 쓴 거
야" 내가 그랬더니, "그래도 우리 다혜는 엄마 그 마음을 알기 때문
에 엄마[를] 부끄러워하지 않아. 엄마 지금 우는 거를 다혜가 더 싫어
할 거야" 우리 ○○이가 그렇게 얘기하더라고요. 그러고 나서 그 책
들여다도 안 봤어요. 그런 적 있었어요. 그래서 난 이것도[구술도] 그

런 영향 때문에 더 안 하려고 그랬던 것 같아요. 제가 그때 충격을 너무 받았거든요. 말주변도 없고 문장력도 없죠. 근데 엄마들은 그렇지가 않더라고요. 가보니까 말도 잘하시죠, 문장력도 그렇게 잘하시죠. 그래서 내가 참 우리 다혜한테 '차라리 가만히 있는 엄마가 더 창피하지 않을 거다' 이런 생각을 했었어요. 그래서 많이 울은[운] 적이 있었어요. 제가 울보예요.

면담자   어머님 말씀도 이해되지만 사실 ○○ 씨 얘기가 바로 제가 드리고 싶은 말씀이기도 한데요.

다혜 엄마   (한숨을 쉬며) 그 책 읽어보세요, 그런 생각이 나오나. 당연히 읽어보셨겠죠. (웃으며) 진짜 창피했어요. 아, 그게 책으로 나왔다는 게 좀 그랬어요. 그래서 이것도 많이 망설였던 것 같아요. 그리고 [구술에 응한 이유에] 이런 것도 있어요. 저는 제 딸을 많이 알리고 싶어 하는 사람이거든요, 우리 다혜를. 기회가 된다면 엄마가 좀 부족하지만, 부족함 속에서도 제 딸을 많이 알리고 싶어요, 이 아이가 어떤 아이었나. 아이들은 다 똑같겠지만 오래도록 '우리 다혜라는 아이가 단원고에 이런 아이가 있었다' 이렇게 알렸으면, 오래도록 그렇게 하고 싶었어요.

면담자   삶의 목표가 ○○이를 지키면서 사는 거라고 말씀하셨는데, 다른 목표도 있다면 말씀해 주세요.

다혜 엄마   기회가 된다면 제가 모든 시민들한테, 저희가 많은 걸 받았잖아요. 제가 사회봉사 단체에서도 가입은 해놨어요. 그런데 지금 이 일 하느라고 안 하고 있지만, 제가 길이 있다면 그렇게 살고 싶어요. 그리고 우리 '0416' 위원장님하고 난 이런 이야기를 밥 먹으면서 커피 먹으면서 한 적 있는데, 기회가 된다면 학교 못 가는 아이들한테도 장학금도 주고 이런 단체도 여기 우리 '0416'에서 만들고 그렇게 하고, 제가 봉사도 좀 하고. ○○이하고 잘하는 거 빼고 시간이 엄청 많잖아요, ○○이도 애가 아니니까. 그러니까 남은 것은 봉사하면서, 다혜 일이 어느 정도 되면 그렇게 하고 싶어요. 제가 음식 잘하니까 음식 봉사하고. 저기 "바지선에 가서도 음식 했다"고 그랬죠, 음식 그런 것도 좀 하고.

제가 우연히 양로원에 갔어요. 어느 분이, 옛날에 아는 분이 있는데 저번 저번 주에 우연치 않게 양로원을 가게 됐었어요. 하루 가서 일을 할 사람이 없어서 제가 잠깐 일을 도와주고 왔는… 봤거든요. 근데 많은 것을 느끼고 왔어요(한숨). 너무 힘들어 보였었어요, 할머니, 할아버지들이. 그래도 어떤 면에서는 집에 홀로 계시는 것보다 환경과 음식 그런 것은 안 좋지만 그래도 여러 분들하고 있잖아요. [그래서] 나을 수도 있겠지만 '진짜 봉사 좀 많이 해야 되겠다' 이런 것을 많이 생각하고. 처음서부터 그런 생각을 진짜 많이 했어요. 그래서 가끔, 지금 봉사단체에 가입해 놔서, 거기는 할머니, 할아버지들은 아니지만 그렇게 해갖고서 한번 기회가 된다면, 기회가 안 되더라도 그쪽으로 한번 해보고 싶어요.

다혜 엄마 김인숙

'0416단원고 가족협의회'에 대한 전망

면담자　　사단법인이 설립되고 소송도 시작하셨는데 앞으로 전망은 어떠신가요?

다혜 엄마　　저는 이길 거라고 생각합니다. 그리고 마음을 주셨어요. 저희가, 자꾸만 신앙 얘기를 해서 그런데, 저는 체험을 많이 했어요, 아이를 잃고. 그게 목사님은 하나님의 음성이라고 말씀을 하시더라고요. 저는 옛날에 하나님의 음성이 꿈에 탁 나타나는 줄 알았어요, 이렇게 말을 꿈속에서. 근데 그거는 음성이 아니시라고 얘기를 하시는데, 제가 가다가 어느 날 갑자기 생각을 주시는 거잖아요. 그게 하나님의 음성이라고 말씀하시더라고요. 그리고 지혜를 순간순간 주시더라고요. 그러니까 쉽게 얘기하면은 사람들은 잔머리라고도 얘기할 수 있는데, 지혜를 주시는 게 있었어요. 이런 게 있었어요, 제가 믿음생활 하면서 그런 체험을 했거든요. 아빠가 영월로 전입신고를 다 했어요, 다혜까지 데리고. 그런데 영월에, 시골에 귀농을 하면 혜택이 있었어요. 다혜까지 다 데리고 귀농을 했으니까 영월에서 혜택을 줬어요. 그런데 아빠가 그렇게 되는 바람에 제가 3일 앞두고 전입신고를 안산에 다시 했어요, 몰랐던 거예요. 아빠를[가] 안산에 있어야 되는데 영월을[에] 한 거예요. 근데 그게 아빠가 추모공원에 못 갈 수도 있었는데 다혜 때문에 갔어요. 6개월 거주하지 않으면 추모공원에, 안산에 들어갈 수가 없는 거예요. 근데 저는 영월에 가갖고 3일 전에 이리로 전입신고 했잖아요. 아빠는 가지 말았어야 됐어요. 근데 나는 "다혜를 떼놓을 수가 없다"고 다혜를 데리고 갔잖아요, 다혜까지. 그리고 다시 데리고 왔잖아요. 그 상황에서 제가 영월에서 혜택 본 것을 다시 오니까 "다 뱉어내라" 하는 거예요, 나라에서 그거 본 것을. 쉽게 얘기하면 지방세에서 그게 150만 원인가 이렇게 나왔어요. 그러면서 제가 전화를 계속했어요, "억울하다"고. 근데 지방세는 나라에서 한 번 고지가 나오면 안 된대요.

그런데 제가 크리스마스 날 두 교회를 섬기고 있었어요. 안산에 오면 안산의 교회, 영월에 가면 아빠하고 다니던 교회. 교회를 두 교회를 섬기고 있는데, 시골 교회는 가난해요, 힘들어요. 우연히 제가 "목사님, 제가 그냥 트리를 할 것을 제가 다 하겠습니다" 트리, 크리스마스가 다가오니까 안산에서 우리가 사가지고 목사님한테 가자고. 그러니까 목사님이 안산에 왔어요. 오셔갖고는 안산역 밑에 큰 마트 있잖아요. 거기서 트리를 다 사가지고 애들 먹을 걸 다 사가지고, 제가 사가지고 그리고 영월로 가고, 저는 이제는 군청에 들어갔어요. 거기 가기 전에 아빠 사망진단서 서류를 제가 또 꼼꼼하게 준비를 해갖고 '한번, 다시 한번 얘기를 해봐야 되겠다' 이렇게 하고 갔어요. 그래서 얘기를 했는데 담당자를 만나서 서류를 딱 펴놓고 "제가 이렇고 이래서 제가 이렇게 갔습니다" 근데 "그래도 안 되신다"고 얘기를 하시는 거예요. 그래서 "한 번만 더 고려를 해달라"고 하는데 어떤 부장님이 싹 지나가시는 거예요, 그 사이를. 그분하고 담당자하고 얘기하고 있는 동안. 그런데 그분이 담당자 윗분이신 거예요. 다른 데 있다가 지나가시는데 그래 갖고 그분한테 얘기했는데 "놓고 가라" 그래서 그거를 다 감면받았어요.

138
•
다혜 엄마 김인숙

그런 게 있었어요, 그러니까 믿음생활 하니까 그리 돌린 거죠, 제가. 그렇게 그런 지혜를 순간순간 '그거를 이제 왜 생각하게 주시는 거죠' 하는 생각에, 그래서 감사하며 '이렇게 해서 저를 하나하나 하나님이 저를 돌봐주시는구나' 이렇게 믿음을 갖고 더 제가 믿음생활 하면서 이렇게 사는 거죠. 그런 지혜를 주셨어요. 저도 그전에는 그렇게 안 믿었는데 목사님이 그러시더라고요. "그게 하나님의 음성"이라고 말씀을 하셔서. 제가 하나님의 음성을 잘 모르니까. 최근에 있었던 일이에요.

면담자   4·16가족협의회와 0416단원고 가족협의회가 현재 함께하지 못하는 이유가 무엇인지 여전히 의문이 드는데요. 장기적으로는 결국 같이하시게 될 텐데, 그 전망은 어떠신가요? 함께하기 위해서는 어떤 조건이 필요할까요?

다혜 엄마   조건은 아니구요… 제 생각에는, 이거는 저 얘기예요. 본 거[4·16가족협의회]에 비하면 이쪽에도 엄마들이, 강한 엄마들이 계신 거예요. 그러니까 저희들한테 "숟갈 하나 없어졌나" 이렇게도 말씀을 하시고 "너네들이 다 된 밥에 왜 이제 와서. 너네가 부모냐", 다혜 그거 사인했을 때 "니가 부모냐, 너네들이 부모냐"라는 소리를 참 많이 들었어요. "지금 이 상황에서 같이 가야지, 너네는 빠져갖고 먼저 배·보상받았어? 너네[가] 부모야?" 이런 말을 참 많이 들었거든요. 그렇지만 받은 건 사실이잖아요, 그러니까 책임져야죠. 그러니까 감수하고 갔어요. 근데 지금 상황에서는 자기네들은 "우리가 열심히 해서, 이렇게까지 해서 이거 받는데 너네는 왜 이제 와서 숟갈 하나 없어?" 그건 아니죠. 그리고 이번에, 그 전에 그렇게 따진다면 아까 제가 말씀했었던 "당신네들[도] 처음서부터 당신네들이 끝까지 간 거 아니잖아요. 우리도 어느 정도까지는, 모든 엄마들이 같이했잖아요". 다 같이했어요, 그때는 엄마들이 다 같이했어요. 그렇지만 생활의 여건이 안 돼서, 성격이 여건이 안 돼서, 뭐에 여건이 안 되어서 빠져나온 거뿐이잖아요, 생활을 하기 위해서.

쉽게 이야기하면, 우리 반도 마찬가지예요. 나 그렇게 힘들어 갖고 울고불고 했을 때 '언니, 어때?' 이렇게 해본 사람 없어요, 그렇잖아요. 그러니까 우리는 아까 말씀하신 것처럼, '어느 때냐'는 그건 잘 모르겠어요. 제 생각은, 우리 임원에서는 "우리가 동등[한] 어느 선까지는 됐을 때 같이 가야 되지 않겠냐"라는. 어저께 그런 이야기가 나왔어요. (책상 위로 높낮이를 표시하며) 우리가 지금 여기 있는데 자기네가 여기 있어요. [그러면] 우리가 가자면은 우리가 구걸하는 거잖아요. 그러기는 싫죠, 한 번 상처 입었는데. 가족한테 상처 입는 것은 더 큰 거예요, 자식 잃은 만큼 상처가 되는 거예요. 그러니까 어느 단계에서, 단계가 되었을 때 그때 같이 가는 거죠. 그래서 그쪽 분들도, 엄마들도 저 우리 쪽을 싫어하겠지만 저희들도 마찬가지라고 생각해요.

그… 자식 잃은 부모는 아프잖아요. 나는 이런 말도 했어요. 이런 말 하면 안 되는데, 우리 엄마한테 이런 이야기를 해본 적이 있어요. 제가 4남 3녀인데 "엄마, 손가락 깨물어서", 우리 엄마가 제 남동생을 참 많이 챙기시는 분이에요. 용돈을 주면은 걔를 다 주는 거예요. 그래서 내가 "엄마는 내 엄마가 아니고, 쟤 엄마야?" 이렇게 우리

다혜 엄마 김인숙

엄마한테 얘기해 본 적 있어요, 친정 엄마한테요. 그래서 반대로 생각하면, 그래서 내가 엄마한테 "손가락 이건 살짝 깨물으면 안 아파. 좀 많이 깨물으면 아파" 이렇잖아요. '이 부모들도 자식을 똑같이 잃었지만 그렇지 않을까?' 하는 생각이 제가 잠깐 들었어요. 차이가 있다는 거죠. '아픈 것은 같지만 그거를 이해를 해줄 수는 없다'는 거죠. 내가 지금 너무 아파, 이 엄마가 아파. 그래도 같이 보듬어 안고 그러는데[그래야 하는데], 나만 아픈 거죠, 지금 나만 아픈 거예요. 그런 데에 "너네들 활동 안 했잖아. 그런데 지금 이렇게 와서 하면 안 되지" 그거는 아닌 거죠. 그쪽에서는 우리가 보면은 아닌 거지만, 그쪽에 보기에서는 '너네들 그러면 안 돼' 이렇게 보지 않을까, 이렇게 생각을 해요.

그리고 "5주기도 말이 나왔다"고 들었어요. 근데 5주기에서, 저번에 제가 잘은 못 들었는데, "우리가 뭐를 하면 너네들 와서 들어와" 이렇게 얘기를 하는 거예요, 아무 저것도 없이. 우리는 그렇게 못 하죠, 동등한 입장이어야죠. 그렇지 않을까요? 우리는 동등한 입장을, 권리를 찾는 거잖아요. 부모의 권리를 찾는 게 아니에요. 자식의 동등한 권리를, 어느 한시에 아이들 물에 그렇게 했는데 그 아이들 동등한 입장을 찾는 거지, "이 부모가 잘났어, 니 부모가 잘났어" 이걸 찾는 건 아니에요, 저희는. 근데 그분들은 그렇게, 지금 '그분들이 수고했다'는 걸 다들 인정해 주니까. 열심히 한 것도 저희도 인정하고 다 그러니까 부족한 걸 좀 보듬어 안아주고 같이 가자고. '우리가 부족한 부분을 같이해 줄게. 우리가 많이 해줬어, 부족한 부분 이렇게 해줄게. 와서 같이 가자' 이렇게 안아주면 얼마나 좋을까. 그런데 절대로 안 하신다는 것을 알고 있습니다.

면담자   풀어야 될 숙제가 아직 남은 것 같네요.

다혜 엄마   엄청 많습니다.

9
아이를 생각하면 떠오르는 것

면담자   작년 4주기 때 합동 영결식을 했는데요. 그때 어머님도 계셨나요?

다혜 엄마   네, ○○이하고 같이 들어갔어요.

면담자   그리고 올해 5주기를 맞이하는데요. 다혜는 어머니에게 어떤 존재라고 할 수 있을까요?

다혜 엄마   5주기는, 저는 아까 말씀드렸지만 팽목을 간다고 얘기를, 저 "배 타기를 무서워한다"고 얘기했잖아요. 그런데 그 결정을 왜 했냐면요, 점점 사람들이 멀어져 가잖아요. 그건 기정사실이잖아요, 그죠? (면담자: 시민들이요?) 아니, 우리 하는 거에 대해서, 행사나 모이는 게 점점 틀려지잖아요[달라지잖아요]. 이렇게 행사하는 게 내년에 못 갈 수도 있어요, 그죠? 팽목에 내년에는 이런 행사를 안 할 수도 있어요. 그런데 저는 개인적으로 [팽목으로] 간다는 것은 너무 힘들어요. 어떤 분은 "거기가 아이도 없는데 거기가 뭔 의미가 있냐"고 [하세요]. 의미[는] 없어요. 근데 하늘공원, 효원, 서호는 언제든지 제가 마음먹으면 갈 수 있어요. 근데 거기는 아니라는 거죠. 아이를 거기 가서 잃어서, 아이가 여기 있는데, 그래서 가는 게 아니에요. 저는 다음에는 못 올 수도 있으니까 기회가 될 때 더 많이 가보고. 물론 엄청 아플 거예요. 이번에 가도 엄청 아플 거예요. 그래서 저는 그런 마음으로…. 우리 반 두 명 신청했어요. 그런데 갈지 안 갈지 잘 모르겠어요, 신청인이 너무 없어서. 그래도 한 차가 되어야 되는데 얼마 없어요, 신청하신 분들이.

그리고 "다혜는 저한테 어떤 의미냐?"고 물어보셨잖아요. 저한테 늦둥이었잖아요. 자식은, 부모는 자식을 "똑같다"고 얘기를 해요. 그런데 저는 "그렇지 않다"고 얘기를 해요. 그거는 부모님들이 하기 좋은 말이라고 생각을 해요. 아까 제가 제 친정 엄마한테도 제가 그렇게 얘기했잖아요. "이 자식은 엄마 아들이지만 나는?" 엄마한테 이렇게 얘기했지만, 우리 다혜는…, ○○이한테는 미안하지만. 물론 자식은 목숨하고 똑같겠죠, 저도 마찬가지지만. 걔가[다혜가] 있어서 아빠하고 사는 동안, 사람들이 부부생활 하면 부부가 어떻게 좋은 날만 있겠어요. [그래도] 그 순간순간에 우리 다혜가 있어서 아빠하고 덜 힘들었지 않나. 저도 아빠하고 살면서 안 헤어지고 싶었다는 거는 거짓말이라고 생각해요, 부부는. 그럴 때 우리 다혜가 "엄마", 아빠하고 싸우고 그러면, "엄마, 엄마. 엄마 성이 없지? 내가 김씨 해줄게, 엄마 나하고 살아. 언니는 재치 있게 아빠하고 잘 맞으니까 아빠하고 살고 엄마는 나하고 살아" 이렇게 해주고. 제가 힘들 때마다 전 다혜하고 같이 잤어요, 맨날. 손길이 그냥 투덕투덕해 놔도 손이 닿으면 참 그렇잖아요. 그런데 이번에는 제가 다혜가 키우던 고양이

143

3회차

하고 자요, 제가 걔를 끌어안고 자는데. 그 전에는 그 고양이가 다혜가 발로 이랬는데 요즘 들어서요, 제 품속에서 자는 거예요. 저는 다혜 잃고 방에서 자본 적이 한 번도 없어요, 거실에서 살잖아요. 그래서 이번에 소파를 버리고 거실에다 침대를 들여놨어요. 일인용 침대를 들여놨는데 자면 여기 와서 다리를 두 개 해놓고[올려놓고] 자요. 그러면서 다혜 생각하면 걔를, 털이 막 날리지만 걔를 끌어안으면서 '꿈이 아니었으면…. 그냥 있으면 얼마나 좋을까' 이렇게.

○○이가 "엄마, 다혜가 몇 살인지 알아?" 이렇게 물어보더라고요. 그래서 내가 한참 생각을 했어요. '다혜가 과연 몇 살일까', "스물셋? 스물넷?" 그렇게 대답을 했었어요. "엄마는 17살밖에 생각이 안 나, 17살에 보냈으니까". "걔가 1살이 어리다"고 얘기를 했잖아요, 다혜가. 그랬더니 우리 ○○이가 "엄마, 그런 말 하지 마. 천국에서 다혜가 싫어할 거야. 친구들한테 맨날 속인 거잖아, 그거는" 그래서 내가 그런 이야기도 하고. 그냥 생존자 아이들처럼 이렇게 같이 있어 주면 힘들어도 이렇게 제가 사는데, 이렇게 '살고 싶지 않다'는 생각은 하지 않지 않을까…, 제가 많이 살고 싶지 않아요.

그냥 제가 웃고 다니고 이래도 집에 들어가면 혼자 있잖아요, 많이 허하잖아요. 그러면 '그냥 다혜한테 갔으면 좋겠다' 그런 생각을 참 많이 하고 살아요. 너무 보고 싶은 거죠. 저한테는 그런 딸이죠. 천국에 가면요, 그대로 그 모습이래요, 17살 때 그 모습. 제가 그 소리를 들었어요, 어느 분한테. 다혜한테 가서 이래요. "다혜야, 엄마가 자꾸 변해. 그러면 너는 엄마를 알아볼 수 있을까? 엄마는 변하고 너는 그대로 있는데". 아빠한테는 딱 1분도 안 있어요. 먼저 아빠 보

다혜 엄마 김인숙

고 "딸 보러 갔다 올게" 그러고 딸을 보러 갔다 오면, 딸한테 가서 그래. 이런 얘기, 저런 얘기하는 거죠. "엄마는 너를 못 찾으면 어떡할까? 너가 엄마를 못 찾으면 어떡할까? 엄마는 그게 불안해. 그러니까 니가 엄마를 꼭 찾아왔으면 좋겠어. 엄마가 갈 때, 너한테 갈 때 너가 엄마를 찾았으면 좋겠어" 그런 얘기를 많이 하고, 엉뚱한 얘기를 하고 오죠(울음). 걔들은 안 변한대요, 나만 변하잖아요, 나만 많이 변하니까.

면담자   아버님 뵙는 시간보다 다혜를 보는 시간이 길다고 하셨는데, 생명안전공원이 생겨서 다혜를 옮겨오게 되면 그때는 어머님이 아버님을 보는 시간이 길어지지 않을까요?

다혜 엄마   잘 안 갈 것 같아요, 안 갈 것 같아요. 잘 안 가고, '다혜한테 열 번 오면 한 번 갈까?' 이렇게 생각하고 있죠. [지금은] 아빠한테 먼저 항상 들려요, 아빠니까. 그렇지만은 한 1분이나 있을까요? 그냥 "잘 있었어? 다혜하고 잘 지내? 딸 보고 올게" 그러고 한참 다혜하고 있다가, 그때는 [봉안당 문을] 열어놨었거든요, 우리 신랑은. 닫으면서 "딸 보고 왔어. 잘 있어. 시간 되면 또 올게" 이렇게 얘기하는데, 우리 다혜한테는 주절주절주절하고 오고, 혼자 갔을 때는 주절주절하고 오고. 우리 ○○이가 저하고 안 가요, 하늘공원에 따로 가요. 맥주를 사가지고 갔대요. 맥주 먹을 나이가 되었으니까 하나 캔 따주고, 지 한 잔 먹. 우리 ○○이도 술을 잘 안 먹는 애인데, 그래서 둘이서 "다혜 따라 준 것도 지가 다 마시고 온다"는 얘기를 하더라고요. 그래서 특별한 날 아니면 다혜 생일, 아빠 생일, 명절 두 번 이렇게 네

번만 같이 가지, 같이 안 가요. "많은 얘기를 하고 온다"고 하더라고
요, 지도 아빠한테 얘기하고 오고. 그 얘길 하니까 "나도" 그래요. 걔
하고 가면 닦아만 주고 "엄마 왔어. 잘 지내?" 이러고 오는데, 엄마들
하고 가도 그렇게 하는데 혼자 갔을 때는 거기 앉아서 주절주절하고
눈물 좀 닦고 그러고 와요.

면담자   다혜는 친구들하고 같이 있는 게 더 낫다고 생각하시
나요?

다혜 엄마   그럼요, 당연한 거죠. 아빠는 친구들하고 [비교가] 아니
에요[안 되죠]. 그거는 '같이 있어야 된다'고 생각을 해요, 당연한 거예
요. 저는 '열 번을 물어보고 백 번을 물어봐도 친구들하고 같이 있어
야지 된다'고 생각해요. ○○이한테 이런 이야기를 했어요. "엄마가
잘못한 것 같아, ○○아" 얼마 전에 그랬어요. "너가 결혼을 했으면
아빠는 하늘공원에 안 모셨을 거야" 이랬어요. "이렇게 좋은 데에다
가 강물에다 뿌려줬을 거"라는 얘기를 했어요. 지금 생각도 변하지
않아요, 그거는.

면담자   왜 그런 생각을 하시나요?

다혜 엄마   ○○이한테 너무 많은 짐을 주니까, 다혜 짐을 평생
○○이가 가지고 가야 돼. 나는, 물론 언니지만, 그냥 간 게 아니고
이렇게 아퍼서 가는 아이를 우리 ○○이한테 그 짐을 주고 싶지 않
아요. 그래서 이런 것까지 다 주고 싶지가 않아서 그 얘기를 한 것 같
아요. '아빠를 하늘공원에 했으면, 엄마도 그렇게 해주면', 제가 유언
을 할 거 아니에요, 그러면 '우리 다혜만 ○○이가 안고 가면 되지 않

을까' 이런 생각에서. 내가 다혜 잃고 나서는 제가 준비를 참 잘해요. 어느 날 갑자기 아이를 잃었잖아요. 어느 날 갑자기 제가 아픈 사람 이니까 어느 날 갑자기 저도 없을 수도 있잖아요. 그래서 우리 ○○ 이한테 그런 것을 잘 가르쳐요. "뭐는 어떻고, 뭐는 어떻고" 그러면 지나가는 말로 쓱 얘기하면, 받아들인 적도 있는데 안 받아줄려고도 해요. 그래도 내가 얘기해요, 혹시라도 그러니까. 그게 두려움에서 오는 건지는 몰라도 사람이 어느 날 갑자기 2년 동안 [가족의] 반이 없 어진 상황이잖아요. 불안해서 우리 ○○이한테 얘기하는 버릇이 생 겼어.

면담자   일단 여쭤보려고 했던 건 다 여쭤본 것 같습니다. (다 혜 엄마: 어수선하게 해드렸죠?) 혹시 제가 질문을 안 드려서 더 얘기 를 못하셨거나, 아니면 꼭 남기고 싶은 말씀이 있으신가요?

다혜 엄마   저는요, 중간중간에 말이 많이 나왔지만, '우리 아이들 은 같이 가야 된다'고 생각합니다. '못났건 잘났건, 부모가 똑똑하든 뭐 이렇게 떠나서, 부모가 같은 활동을 하든 안 하든, 엄마가 아파서 전혀 [활동을] 안 했든 저희 아이들은 항상 동등해야 된다'고 생각해 요. 그렇게 해주실 거라고 믿고요. 안 되면 그렇게 하게끔 부모들이 노력을 해야 되지 않겠나, 그거 하나 바라고 있어요. 그리고 우리 아 이들이, 어차피 발표도 났고 화랑유원지에 추모공원이 생기잖아요. 또 한 번 고려해 주신다면 반지하가 아니고 1층으로 해주시면 좋겠 다는…. 그 아이들로 인해서 많은 것이 달라졌잖아요, 그죠? 그 아이 들로 인해서 어떻게 더 안산이 달라질지는 모르잖아요. 그래서 한 번쯤 정치하시고 이런 분들이 우리 아이들을 꼭 지하가 아닌 1층으로서 멋지게, 봐도 마음이 숙연해지게 이렇게 해주셨으면…. 그 외에는 바라는 게 없어요. 그렇게 해주신다면 감사하겠어요.

면담자 　　　어머님, 긴 시간 동안 소중한 말씀해 주서서 감사합니다.

다혜 엄마 　　　아니에요. 너무 두서없이 얘기해 갖구요. 제가 아까 얘기했잖아요, 말주변도 없고 할 줄도 모르고 그래서 많이 망설이고. 그 대신 제 자식을 알리고 싶은 마음은, 그 욕심은 너무 크고 부모는 안 따라주고.

면담자 　　　그래도 아마 다혜는 어머님께서 말씀해 주서서 좋아할 것 같아요. 오늘 이렇게 어려운 말씀해 주서서 정말 감사합니다. 이것으로 오늘 구술 마치도록 하겠습니다.

다혜 엄마 　　　감사합니다.

4·16구술증언록 단원고 2학년 9반 제4권

그날을 말하다 다혜 엄마 김인숙

ⓒ 4·16기억저장소, 2020

기획 편집 4·16기억저장소 | **지원 협조** (사)4·16세월호참사가족협의회
펴낸이 김종수 | **펴낸곳** 한울엠플러스(주)
초판 1쇄 인쇄 2020년 4월 1일 | **초판 1쇄 발행** 2020년 4월 16일
주소 10881 경기도 파주시 광인사길 153 한울시소빌딩 3층
전화 031-955-0655 | **팩스** 031-955-0656 | **홈페이지** www.hanulmplus.kr
등록번호 제406-2015-000143호

Printed in Korea.
ISBN 978-89-460-6780-6 04300
        978-89-460-6801-8 (세트)
* 책값은 겉표지에 표시되어 있습니다.